Jan Turnovský
The Weltanschauung as an Ersatz Gestalt
Eine Happy-open-end-environmental-design-science-fiction-image-story

Edited by
Eva Guttmann, Gabriele Kaiser, Claudia Mazanek
diachron

Thesis	007
Nachwort	124
Biografie	130
Bibliografie	132

Thesis	007
Epilogue	134
Biography	140
Bibliography	142

The Weltanschauung as an Ersatz Gestalt?

A THESIS BY
JAN TURNOVSKY

ARCHITECTURAL
ASSOCIATION
34-36, BEDFORD SQUARE
LONDON, WC1

GRADUATE SCHOOL
SUMMER 1978

TUTOR: HANS HARMS

TUTOR: ROY LANDAU

Für Alvin,
Vorsitzender für sämtliche Manifestationen
von Gestalt, Weltanschauung und Ersatz

to Alvin,
chairman of all possible manifestations
of Gestalt, Weltanschauung, and Ersatz

Inhalt

d.h.	12
(Ersatz)	(überall)
Gestalt	14
Weltanschauung	24
Die Offenheit	36
Magische Formeln I: Die bezauberte Gestalt	50
Magische Formeln II: Die ausgebeutete und gefesselte Gestalt	60
Magische Formeln III: Die belebte Gestalt	78
Good-bye	96
Appendix I: M.B. verbessert Rembrandts Zeichnungen	106
Appendix II: K.M. liebt griechische Kunst	108
Appendix III: H.H. transponiert eine Loos'sche Gestalt	110
Anmerkungen	112

Abbildungen:

1	Die Gestalt eines brutalen Paars	22
2	Die Weltanschauung eines humanen Architekten	34
3	Die Offenheit eines glücklichen Systems	48
4	Alltagsdesign als ein mathematisches Problem	58
5	Alltagsdesign als ein ideologisches Problem	76
6	Alltagsdesign als ein semiologisches Problem	94
7	„Was gibt's, Hund?" – „Letzte Gestalt-Show"	104

Contents

i.e.	4
(Ersatz)	(throughout)
Gestalt	5
Weltanschauung	10
The Openness	16
Magic Formulas I: The Enchanted Gestalt	23
Magic Formulas II: The Engaged and Encaged Gestalt	28
Magic Formulas III: The Enlivened Gestalt	37
Good-bye	46
Appendix I: M.B. Improves Rembrandt's Drawings	51
Appendix II: K.M. Enjoys Greek Art	52
Appendix III: H.H. Transposes a Loosian Gestalt	53
Notes	54

FIGURES:

1 The Gestalt of a Brutal Couple	9
2 The Weltanschauung of a Humane Architect	15
3 The Openness of a Lucky System	22
4 Environmental Design as a Mathematical Problem	27
5 Environmental Design as an Ideological Problem	36
6 Environmental Design as a Semiological Problem	45
7 "What's Up, Dog?" - "Last Gestalt Show"	50

d.h.

dies ist der Versuch eines nicht besonders anarchischen Zugangs zu dem vom Titel vorgegebenen Thema, der Ausdruck einer indirekten Rechtfertigung sein könnte für den ungewöhnlichen Gebrauch von etwas, das wie Englisch klingt, davon aber weit entfernt ist.

Obwohl „Weltanschauung" und „Gestalt" im Grunde dasselbe sind, sind sie doch voneinander abhängig. Dies ist zugleich die einzige Garantie dafür, dass sie voneinander unabhängig sind, während Pseudowissenschaften und Ideologien versuchen, die Offenheit beider aufzulösen.

Die Abhandlung beginnt am Geburtsort der austro-britischen Philosophen, endet am Totenbett von Ecos semiotischer Guerilla, respektiert offene Systeme von Mensch und Bestie, ergänzt bis zu einem gewissen Grad die methodologische Forschungsarbeit des Autors „Architekten bewegen sich im bewegten Raum" und bleibt Gegenstand der Interpretation wie die Architektur auch.

Der deutsche Titel lautet: „Eine Happy-open-end-environmental-design-science-fiction-image-story".

an attempt at a not quite anarchic approach to the theme determined by the title which might express an indirect apology for the unusual use of something like, but far removed from English.

Though Weltanschauung and Gestalt are de facto the same they depend on each other. This is at the same time the only guarantee of their independence while pseudo-sciences and ideologies try to dissolve the openness of both.

The treatise begins at the birth-place of Austro-British philosophers, ends at the death-bed of Eco's semiotic guerilla, respects human as well as bestial open systems, completes to some degree the author's methodology research paper "Architects Moving in Moving Space", and remains a matter of interpretation just as architecture does.

The German title:
Eine Happy-open-end-environmental-design-science-fiction-image-story

Gestalt

Jedes Kind in England weiß, was das deutsche Wort „Gestalt" bedeutet. (Nicht jedes Kind in England weiß, was das deutsche Wort „Ersatz" bedeutet: Es ist ein Überrest des Ersatzkaffees des Zweiten Weltkriegs – und die bessere Hälfte des heutigen britischen Kaffees, zumindest nach Meinung eines AA-Pilgers aus Wien. Letzteres ist ein exzentrischer Raum (1); es war einmal ein Zentrum und nahezu alle englischsprachigen Philosophen wurden hier geboren: der Antitautologe Wittgenstein, der Antiantizipator Popper, der Antidadaist Feyerabend. Natürlich gibt es einige Ausnahmen: der soziale Organisator Roy Landau besuchte Österreich nur kurz, der unorthodoxe Marxist Hans Harms ist deutscher Abstammung, und meine armselige Wenigkeit wurde unter nahezu kafkaesken Umständen geboren. Man muss sich vorstellen: „Virginia Woolf" wurde als „Franz Kafka" ins Tschechische übersetzt, nur weil in Edward Albees Lied „Wer hat Angst vor dem großen bösen Wolf …" ein Tier auftaucht, das zugleich auch Mensch ist. So wurde ein Kafka der Ersatz für eine Woolf. Das Problem besteht nicht so sehr darin, dass Rotkäppchen nicht auch eine Dohle gefürchtet hätte, sondern eher darin, dass es nicht rechtzeitig zwischen Mensch und Bestie unterschied. Infolge seines eigenen historischen Zufalls findet es sich in der Gesellschaft weiser Männer wieder, die in einem wilden Tier große Ähnlichkeiten zu sich selbst erblicken, wie z.B. Konrad Lorenz, zufällig einer der letzten Gestalt-Schreiber.)

Gestalt ist im Deutschen ein dehnbarer Begriff. Er wird in vielen Disziplinen verwendet, sodass seine exakte Bedeutung variiert. Im Allgemeinen kann jede Form von Kohärenz Gestalt bedeuten, sei es als Eigenschaft einer äußeren Form, sei es als Gesetzmäßigkeit einer inneren Struktur von Gegenständen, Personen oder Tieren, einer Situation oder eines Ereignisses. Eine bestimmte Architektur kann Gestalt sein, die Architektur im Allgemeinen kann Gestalt sein, ihre Geschichte kann Gestalt sein, selbst ein kleines architektonisches Detail kann Gestalt sein – und selbstverständlich gibt es Gestalten in Gestalten. Eine Person kann eine beeindruckende Gestalt sein, ein Tier kann eine beeindruckende Gestalt haben, in einzelnen Teilen sonderbare Gestalten. Ein Atom ist eine Gestalt, das Universum die Gestalt schlechthin.

Jedes Wort einer Sprache ist eine Gestalt, und alles, was einen Namen hat, kann als Gestalt angesehen werden, denn andernfalls würde es aufhören zu existieren, sich in Chaos auflösen, in das imaginäre Gegenteil von Gestalt. Aber es gibt auch Gestalten, die keinen Namen haben, und darin liegt vielleicht der Grund für die Anglisierung des Begriffs „Gestalt".

Gestalt

Every child in Britain knows what "Gestalt" is. (Not every British child knows what "Ersatz" is. It is the residuum of the World War II Ersatz coffee - and the better half of today's British coffee, at least in the opinion of an AA pilgrim from Vienna. The latter is an eccentric space (1); once upon a time it was a centre, and nearly all English-speaking philosophers were born there: the antitautologician Wittgenstein, the antianticipator Popper, the antidadaist Feyerabend. Obviously, there are some exceptions: social organizationist Roy Landau visited Austria only briefly, unorthodox Marxist Hans Harms is of German origin, and my poor self was born almost Kafkaesquely; one must imagine: "Virginia Woolf" was translated into Czech as "Franz Kafka" because in Edward Albee's song "Who's afraid of the big bad Woolf ..." an animal appears which is at the same time a person too. Thus a Kafka became an Ersatz for a Woolf. The problem is not so much that Little Red Riding Hood would not seriously fear a jackdaw, but rather that she does not draw a distinction between (wo)man and beast betimes. By her own historical accident she finds herself in the society of wise men who see an animal very similar to themselves, as does e.g. Konrad Lorenz, incidentally one of the last Gestalt writers.)

Gestalt is a broad term in German. It is used in many disciplines, so that its exact meaning varies. Generally, every kind of coherence can be called Gestalt, be it a property of an outside form or be it a lawfulness of an internal structure of a thing, a person - animals included, a situation, or an event. An architecture can be Gestalt, the architecture can be Gestalt, its history can be Gestalt, an architectural detail itself can be Gestalt - of course, there are Gestalten within Gestalten. A man can be a striking Gestalt, a beast can have a striking Gestalt and peculiar Gestalten which are parts of it. An atom is a Gestalt, the universe is the Gestalt.

Every word of a language is a Gestalt, and everything that has a name can be seen as a Gestalt, because if it could not, it would cease to exist, dissolving itself into chaos, which is precisely the fictitious opposite to Gestalt. But there are also Gestalten which have no name, and this was probably the reason for the Anglicising of "Gestalt".

Im Bereich der Wahrnehmungspsychologie gibt es einige abstrakte Phänomene, die dennoch Gestalteigenschaften besitzen. Wenn wir uns z.B. in einem Pub aufhalten, in dem wir noch nie zuvor gewesen sind, werden wir, wenn wir austreten wollen, vermutlich die Tür entdecken, nach der wir suchen. Später werden wir auch den weiten Weg nach Hause finden, unsere Straße wiedererkennen, nicht aber unser Haus (2/104) (in Gegenden wie Rutland Gate muss man einfach – als eine Art Ersatz – die Hausnummer wissen), dennoch werden wir nicht in den Keller hinunter, sondern zu unserer Wohnung hinaufgehen, wo wir Kühlschrank, Frühstück & Bett finden. Dieser ganze Vorgang ist eine Sequenz von mehr oder weniger abstrakten Gestalten, und wenn er zur Gewohnheit geworden ist, dann kann er auch als eine einzige Gestalt angesehen werden. In Träumen tauchen andere Gestalten auf, die in gewissem Sinne konkreter sind.

Ein Vorreiter der Gestaltpsychologie ist Ernst Mach, ein wissenschaftsgläubiger Gegner von allem Metaphysischen (und daher auch von „Weltanschauung" als Ersatz für eine positivistische Haltung). Obwohl Sinneswahrnehmung im Allgemeinen fast als Synonym für „Sehen" gilt, war es ein akustischer Effekt, der Mach fesselte. Er stellte fest, dass eine Melodie transponiert werden kann – daher musste sie mehr sein als die bloße Summe von einzelnen Tönen; es musste so etwas wie eine innere Struktur der Melodie als Ganzes geben.

Also wurde eine Melodie – es wäre interessant zu wissen, welche – die Basis-Gestalt der grundlegenden Forschungen zur Gestalttheorie, von Christian von Ehrenfels 1890 unter dem Titel „Über Gestaltqualitäten" (2/106) publiziert. Die Dominanz des Ganzen über seine Bestandteile – ein Thema, das bereits bei Aristoteles auftaucht – und seine Transponibilität zählen zu den beiden wesentlichen Gestaltqualitäten.

Am Beispiel der Mnemotechnik versuchte Ehrenfels aufzuzeigen, dass Gestalten sich leichter ins Gedächtnis einprägen als Einzelheiten. In den frühen 1920er Jahren kam der Gestaltbegriff in Mode: in der Psychologie, in der Biologie, der Ethnologie und auch in der Ästhetik.

Auf dem Gebiet der Gestaltpsychologie wurden zahlreiche Experimente durchgeführt, zahlreiche Regeln aufgestellt, viele Bücher geschrieben. Derartige Aktivitäten erfordern konzeptuelles Denken. Aber unser Zentralnervensystem arbeitet auch „automatisch", indem es unzählige Sinnesdaten sortiert und einige davon zu Gestalten verbindet. Daher hebt sich eine Gestalt vom Hintergrund des Zufälligen, vom Lärm der Umgebung als Form einer offensichtlichen Gesetzmäßigkeit ab.

Wir fahnden nach Gestalten, ob wir wollen oder nicht. Aber weil wir dieses Spiel nicht nur zum Vergnügen, sondern auch um unser Leben spielen, sind wir ausgestattet mit einer „Kette von einfacheren und komplizierteren Mechanismen, die es uns ermöglichen, ein für unser Überleben ausreichendes Bild der uns umgebenden Dinge zu erlangen und sie trotz dauernden Wechsels der Wahrnehmungsbedingungen als ‚dasselbe' wiederzuerkennen". (2/109)

In the sphere of the psychology of perception some phenomena occur which are very abstract, but nevertheless having Gestalt properties. E.g. when we have been standing for a time in a pub to which we have never been before, we will go to the rear and probably find the door which we were looking for. Later we will also find the long way home, recognize our street but not our house (Martina Schneider (2/104), in places like Rutland Gate you simply must know - as an Ersatz - the number of your house), yet we will go not down to the cellar but up to our flat where we will just be able to find the refrigerator, breakfast & bed. This whole action is a sequence of more or less abstract Gestalten, and if it is a habit, it can be seen as one great Gestalt only. In dreams other Gestalten appear which are in turn perhaps more concrete.

Gestalt psychology has its precursor in Ernst Mach, science-faithful adversary of all metaphysics (and thus also of "Weltanschauung" as an Ersatz for a positivist attitude). Though sensual perception is usually considered as almost synonymous with seeing, it was an acoustic effect which captivated Mach. He noticed that a melody is transposable and so it must be more than the sum of singular tones; there must be an inner structure of the melodic whole.

Thus a melody - it would be nice to know which one - became the fundamental Gestalt for the Gestalt theory's fundamental work, written by Christian von Ehrenfels under the title "Über Gestaltqualitäten" (2/106) in 1890. The domination of the whole over its elements - a fact which was already pointed to by Aristotle - and the transposability of the whole - a fact which demonstrates the former - are two main Gestalt qualities.

Using the example of mnemonic expedients, Ehrenfels showed that Gestalten commit to memory more easily than singularities. In the early 20th century "Gestalt" came into fashion: in psychology, biology, ethology, and also in aesthetics.

In the field of Gestalt psychology many experiments were carried out, many laws established, many volumes written. Such activities require conceptual thinking. But our central nervous system also works "automatically" while it assorts countless sensual data and connects some of them to Gestalten. Thus a Gestalt is abstracted from the background of the accidental, from the "noise" of the environment, as a kind of an apparent lawfulness.

We hunt Gestalten whether we want to or not. Playing this game not only for love but for our life, we are equipped with a system

Die praktische Funktion der Gestaltwahrnehmung liegt in der Strukturierung der aufgenommenen Information; dies erleichtert dem Individuum die Orientierung in seiner Umwelt. In diesem Punkt können wir eine gewisse Affinität zur Theorie offener Systeme erkennen. W. Köhler mit seinen Schimpansen, B. F. Skinner mit seinen Tauben und andere mit anderen Tieren zeigten, dass nicht nur der Mensch imstande ist, Gestalten zur leichteren Bewältigung des Lebens zu erkennen. Nach K. Lorenz ist „die Gestaltwahrnehmung nur ein einziges, für eine ganz spezielle Funktion spezialisiertes Glied des Systemganzen unserer Erkenntnisfunktionen. Die besondere arterhaltende Leistung aber, deren Selektionsdruck diese Spezialisation verursacht hat, ist die des Entdeckens von Gesetzlichkeiten." (2/113) Bisweilen können wir sogar die Kompensation einer ungenügenden „Einsicht" innerhalb einer Spezies beobachten. (Abb. 1)

Die Frage, ob Gestaltqualitäten objektive Eigenschaften von objektiv existenten Objekten sind oder bloß unsere Ideen, würde uns direkt in die Wahrnehmungsphilosophie führen, also in die Philosophie ganz allgemein, d.h. in den Bereich von niemals lösbaren Problemen. „So bleibt es immer ein Skandal der Philosophie ... das Dasein der Dinge außer uns ... bloß auf Glauben annehmen zu müssen, und, wenn es jemand einfällt, es zu bezweifeln, ihm keinen genugtuenden Beweis entgegenstellen zu können" (3b/B XXXIX–XL), stellte Immanuel Kant fest, der wiederum von Wladimir Iljitsch Lenin einerseits als Idealist, andererseits als Materialist charakterisiert worden ist.

Wie auch immer, auf der Ebene der Psychologie gibt es genügend Probleme rund um die „Gestalt". Sagen wir einmal so: Gestalten werden in und von unserem Kopf gemacht / erfunden. Einige davon – die konkreteren – repräsentieren offenbar konstante Eigenschaften von offensichtlich existenten Objekten, während andere – die abstrakteren – aus anderen Reizen bestehen, die im Lauf der Zeit auf unser Gehirn übertragen worden sind.

Die Gestaltwahrnehmung basiert auf dem konfigurativen Vergleich von Wahrnehmungsdaten. Dies geschieht spontan und birgt viele Fallen. Da wir geübt sind, Gestalten zu konstruieren, stehen wir unter „Gestalt-Druck" und tendieren zu einer „prägnanten" Gestalt: Wir vervollständigen eine Fast-Gestalt zu einer „guten Figur", die eine reine Illusion sein kann. Gestaltwahrnehmung hilft uns, Regelmäßigkeiten im Alltag zu entdecken, aber sie garantiert nicht, dass diese auch real sind – weder in einem idealistischen, noch in einem realistischen Sinn. M. Schlick und W. Witte sehen in der Transposition von Gestalten „das Modell für Erkenntnis überhaupt" (2/123) und K. Lorenz nimmt an, dass „das rational gesteuerte Beachten wahrgenommener Einzelheiten" die Gestaltwahrnehmung stört. (2/117)

of "simple or more complicated mechanisms which enable us to obtain a picture of the things surrounding us, and to recognize them - in spite of ever changing conditions of perception - as 'the same'. This is necessary for our survival." (2/109)

The Gestalt perception has its pragmatic function in the structuring of information obtained; this makes the orientation of a subject in the environment easier. In this point we can see an affinity with the theory of open systems. W.Köhler with his chimpanzees, B.F. Skinner with his pigeons, and others with their others showed that not only man is able to recognize Gestalten in order to facilitate his way of life. According to K.Lorenz, "Gestalt perception is only a single specialized link of the system-whole of our cognitive functions. This specialization has been brought about under the pressure of selection; it was caused by the species-preserving effort to detect lawfulnesses." (2/113) Sometimes we can even observe a compensation of an insufficient "insight" within one species. (Fig.1)

The question whether Gestalt qualities are objective properties of objectively existent objects or just our ideas at all, would lead us directly into philosophy of perception, thus into philosophy in general, i.e. into the realm of never solvable problems. "It still remains a scandal to philosophy ... that the existence of things outside of us ... must be accepted merely on faith, and that, if anyone thinks good to doubt their existence, we are unable to counter his doubts by any satisfactory proof" (3/60), stated Immanuel Kant who himself was characterized by Vladimir Ilyich Lenin as somewhere an idealist, elsewhere a materialist.

However, there are problems enough around the "Gestalt" at the level of psychology. Let us say, for this moment, Gestalten are made in / found by our heads. Some of them - the more concrete ones - represent seemingly constant properties of apparently existent objects, others - the more abstract ones - consist of other stimuli which have been conveyed to brain during a time period.

The Gestalt perception is based on configurative comparing of sensual data. This happens spontaneously and has many pitfalls. Being trained to construct Gestalten, we are under "Gestalt pressure" and have tendency to a "pregnant" Gestalt: we complete an almost-Gestalt to a "good figure" which can be a total illusion. Gestalt perception helps us to discover regularities in the environment, but it gives us no guarantee that they are real - either in the idealist or in the realist sense. M.Schlick and W.Witte see in the transposition

Ist nicht vielleicht die ganze Gestalttheorie eine Illusion? Sie hat mit Sicherheit die „Gestaltprägnanz" vermehrt, nicht zuletzt die der Gestaltpsychologen. G.L. Gregory kritisiert diese ob einiger Ungenauigkeiten in ihren Beschreibungen der Gehirnfunktionen. Aber sie haben „dennoch auf einige wichtige Phänomene hingewiesen und auch sehr klar gesehen, dass es ein Problem ist, wie das Mosaik der Retinastimulation zur Wahrnehmung von Objekten führt. … Wenn das Gehirn nicht ununterbrochen nach Objekten Ausschau hielte, hätte der Karikaturist ein schweres Leben. Aber tatsächlich muss er dem Auge nur ein paar Linien präsentieren und wir sehen ein Gesicht, vollständig und mit Ausdruck. Diese paar Linien sind alles, was das Auge braucht – das Gehirn macht den Rest: Es sucht Objekte und findet sie an allen möglichen Orten. Manchmal sehen wir Objekte, die gar nicht da sind: … Den Mann im Mond." (4/8)

Am meisten interessiert uns, dass Gestalten relativ sind. Sie sind das Resultat der Interaktion zwischen der Umwelt und unserer Vorstellungskraft, die umgekehrt aus der Quelle unserer früheren Erfahrungen mit ihnen lernt. Wenn in der Transposition von Gestalten unser „Erkennen bereits präformiert" ist, wie W. Witte sagt (2/123), dann ist unsere „Produktion" von Gestalten auch von unseren früheren Erkenntnissen beeinflusst, indem sie diese als ein Referenzsystem benutzt. Auf diese Weise tritt die Gestaltwahrnehmung in eine Wechselbeziehung mit unserer gesamten Sinnesstruktur.

K. Lorenz überlegt, ob eine komplexe Gestalt, z.B. ein polyphones Musikstück, jemals eine „tatsächlich endgültige Qualität" erreichen kann, denn mit jeder Wiederholung dringen wir tiefer in die Struktur des Ganzen ein und unterscheiden weitere Regelhaftigkeiten vor dem Hintergrund des Akzidentellen etc. (2/111) Aber die „endgültige Qualität einer Gestalt" ist ebenso wie der Begriff des „Akzidentellen" ein hypertheoretischer Begriff. Sogar Ehrenfels definiert: „Alles Anschauliche ist irgendwie gestaltet; absolut Gestaltloses können wir nur denken." (2/128/a) Hier scheint ein Parallelismus vorzuliegen: Wir können niemals die „endgültige Wahrheit" wissen und unsere Gestalten können niemals ihre „endgültige Qualität" erreichen. Gestalt als eine gänzlich relative Sache – relativ in Bezug auf ihren und auf unseren Hintergrund – wird immer die Qualität von „Offenheit" behalten.

of Gestalten "a model for cognition at all" (2/123), and K.Lorenz supposes that "the rationally steered observation" disturbs the Gestalt perception (2/117).

Is perhaps the whole Gestalt theory not an illusion? It certainly has increased the "Gestalt pregnancy", at least that of the Gestalt psychologists. G.L.Gregory criticizes them for some inaccuracies in their descriptions of the brain functions. But they "did however point to several important phenomena. They also saw very clearly that there is a problem in how the mosaic of retinal stimulation gives rise to perception of objects. ... If the brain were not continually on the look-out for objects, the cartoonist would have a hard time. But, in fact, all he has to do is present a few lines to the eye and we see a face, complete with an expression. The few lines are all that is required for the eye - the brain does the rest: seeking objects and finding them whenever possible. Sometimes we see objects which are not there: ... the Man in the Moon." (4/8)

What interests us most is the relativity of Gestalten. They are the results of the interaction between the environment and our power of imagination, which in its turn learns from the source of our previous experiences with them. If in the transposition of Gestalten "our cognition is already preformed", as W.Witte says (2/123), then our "production" of Gestalten is also influenced by our former cognition, using it as a system of references. Thus the Gestalt perception enters into mutual relation to our whole mind structure.

K.Lorenz argues whether a complex Gestalt, e.g. a polyphonic music piece, can ever reach its "really final quality", because with every repetition we get deeper into the structure of the whole and distinguish further regularities from the background of the accidental, etc. (2/111) But the "final quality of a Gestalt" is a hypothetical notion as well as the notion of "the accidental". Even Ehrenfels defined: "Everything perceptible is somehow a Gestalt; we only can think the Gestalt-less." (2/128/a) There seems to be a parallelism: we can never know the "final truth", and our Gestalten can never reach their "final quality". Gestalt as an entirely relative matter - relative to its background and relative to our background - will always keep a quality of "openness".

EINE ZAHNPASTATUBE, DIE SICH VON KEINER FRAU ÜBERLISTEN LÄSST
Abbildung 1: Die Gestalt eines brutalen Paars (J.T. 1973)

A TOOTHPASTE TUBE WHICH CANNOT BE SUBVERTED BY ANY FEMALE

Good morning!

Figure 1: The Gestalt of a Brutal Couple (J.T. 1973)

Weltanschauung

„Weltanschauung" ist eine Erfindung der deutschen Aufklärung. Humboldt, Schleiermacher und Goethe gebrauchten den Begriff; „er wird in englischen Lexika angeführt, ist breit in Verwendung und hat kein Äquivalent im Englischen" (5b/xi). Deshalb können wörtliche Übersetzungen wie „world view" (Weltsicht), „outlook upon the world" (Überblick über die Welt), „world contemplation" (Weltbetrachtung), „a survey of the world as an entity" (Zusammenschau der Welt als Ganzes), „world philosophy" (Weltphilosophie), „philosophical view of the meaning of the universe" (philosophische Sicht der universellen Bedeutung), „philosophy of life" (Philosophie des Lebens) nie ganz zufriedenstellend sein. A. Quinton ist in seinem knappen Erklärungsversuch einen vielleicht entscheidenden Schritt weitergegangen, er spricht von der „allgemeinen Auffassung von der Natur der Welt, die insbesondere ein System von Wertvorstellungen birgt oder miteinbezieht …". (6/673)

Die Einführung von Werten in den Begriffsumfang war der Hauptgrund für seinen Ausschluss aus dem philosophischen Kanon, vor allem durch Denker in der Nachfolge Husserls, die diese Disziplin als „exakte Wissenschaft" ohne historischen Relativismus begreifen wollten. Man könnte darüber streiten, ob ein so rigoroser Standpunkt – eine Philosophie ohne Weltanschauung – nicht am Ende eine allgemeine Position einnimmt und ebenfalls ein Sonderfall von Weltanschauung wird. Nach Ansicht anderer, z.B. von Jaspers, zählen alle Bereiche des menschlichen Bewusstseins, also auch Weltanschauung, Poesie und Kunst, zur Philosophie.

Im Rückblick auf die deutsche Romantik des 19. Jahrhunderts zeigt sich, dass „Weltanschauung" ein zentrales Thema des humanistischen Philosophen Wilhelm Dilthey war. Und es war auch Dilthey, der den Begriff „Struktur" in die Geisteswissenschaften eingeführt hat, respektive in die Wissenschaften vom Geist, sodass zumindest was ihn betraf „Struktur" und „Humanismus" nicht zwingenderweise Antagonismen sind. Diltheys Konzept der Weltanschauung basiert auf der Grundannahme einer dauerhaften Beziehung zwischen menschlichem Leben und der Welt, die es als „Wahrnehmungs-Ganzes" umgibt.

Die individuelle Weltanschauung ist die unmittelbare Interpretation der Wirklichkeit. Sie bringt „den Sinn und Zweck der Welt" zum Ausdruck und verändert sich graduell oder abrupt unter dem Einfluss von Erfahrungen, wenn auch vielleicht nicht immer in der poetischen Form von Diltheys Schilderungen: „Und beständig wechseln in uns, wie Schatten von Wolken, die über eine Landschaft hingehen, Auffassung und Schätzung von Leben und Welt … Wie eine Vegetation von unzähligen Formen bedecken Lebensansichten, künstlerischer Ausdruck von Weltverständnis, religiös bestimmte Dogmen, Formeln der Philosophen die Erde." (5a/49)

Weltanschauung

"Weltanschauung" is a creation of German Enlightenment. Humboldt, Schleiermacher, and Goethe used the term; "it is listed in English dictionaries, is commonly used, and has no adequate English equivalent" (5/xi). Consequently, simple translations, e.g. "world view", "outlook upon the world", "world contemplation", "a survey of the world as an entity", "world philosophy", "philosophical view of the meaning of the universe", "philosophy of life", etc., cannot be quite sufficient. In his attempt at a short explanation, A. Quinton goes a step, perhaps the decisive one, farther: "General conception of the nature of the world, particularly as containing or implying a system of value-principles. ..." (6/673)

The inclusion of values in the term was the very reason for its exclusion from the domain of philosophy by thinkers like Husserl who intended to define this discipline as a "precise science" free of historical relativism. It could be argued whether such a rigorous standpoint, a philosophy without Weltanschauung, does not finally mark a general position, a special case of Weltanschauung too. In the view of others, e.g. Jaspers, all spheres of human consciousness, i.e. also Weltanschauung, poetry, and art, are forms of philosophy.

Looking back to the German Romanticism of the 19th century, we find "Weltanschauung" as a central concern of the humanistic philosopher Wilhelm Dilthey. By the way, it was Dilthey, too, who introduced the term "structure" into the Geisteswissenschaften, i.e. the sciences of spirit, so that at least for his person "structure" and "humanism" are not necessarily antagonistic. Dilthey's concept of Weltanschauung is based on a global view of a persistent relation between human life and the world which surrounds it as a "perceptual whole".

The individual Weltanschauung is the immediate interpretation of reality. It expresses "the sense and meaning of the world", and it changes gradually or suddenly under the influence of experiences, perhaps not always in the poetic manner of Dilthey's words: "And, like shadows of clouds which pass over a landscape, perception and evaluation of life and world continually alternate within us. ... Views of life, artistic expressions of wisdom, religious dogmas,

Nach Dilthey kann – anders als eine individuelle Weltanschauung, die sich als „ephemer" erweist – eine bestimmte Haltung einer historischen Persönlichkeit gegenüber dem Leben und der Welt ein maßgeblicher Teil der Weltanschauung werden, ein einheitliches System, das „Stabilität und Frieden" ins Bewusstsein anderer bringt: „Das Gleiten und Schwanken der seelischen Vorgänge, das Zufällige und Partikulare im Gehalt der Lebensmomente, das Unsichere und Wechselnde in der Auffassung, Wertung und Zwecksetzung, diese innere Unseligkeit ... wird überwunden." (5a/50)

Dilthey geht von drei kulturellen Bereichen aus: Religion, Philosophie und Poesie. Er vergleicht die Strukturen der religiösen, philosophischen und poetischen Weltanschauung miteinander, unterscheidet verschiedene Typen innerhalb dieser Kategorien und beschreibt sie in ihrem historischen Kontext. Daher verwendet er den Begriff „Weltanschauung" auf verschiedenen Ebenen, doch seiner generellen Auffassung nach ist dieser ein „geistiges Gebilde, das Welterkenntnis, Ideal, Regelgebung und oberste Zweckbestimmung", bedingt, nicht aber die „Intention zu bestimmten Handlungen" einschließt. (5a/50)

Da die Bedeutung von „Weltanschauung" mitunter jener von „Ideologie" sehr nahe kommt, wird es sinnvoll sein, eine Unterscheidung zwischen diesen beiden Begriffen zu treffen. Dem letzten Zitat von Dilthey zufolge impliziert Weltanschauung kein unmittelbares Handeln, jedoch – ergänzend zu subjektiven und sozialen Komponenten – objektives Wissen. Marx selbst bezeichnete Ideologie als „falsches Bewusstsein", das den Fortbestand etablierter Ansichten sichert und daher der herrschenden Klasse dient. Allgemeiner betrachtet könnte sie als zufällige Realitätsstörung bezeichnet werden, die ein gewisses Bündel an Interessen verdeckt, sowie als ein Glaubenssystem, das zur Mobilisierung der Menschen benutzt werden kann.

Doch im Unterschied zur Ideologie kann Weltanschauung nicht als tendenziös bezeichnet werden, wohl aber als offen für subjektive Interpretation und gewisse Formen wissenschaftlicher Objektivität. Sie ist nicht nur im Bereich der Philosophie angesiedelt, vielmehr kann jedes philosophische System – sogar die reinste Logik oder ein höchst transzendentaler Gedanke – als kulturhistorisches Faktum, als mehr oder weniger systematische Weltanschauung oder zumindest in deren Kontext angesehen werden.

Die Ursache für diese Tatsache liegt in der Wahrnehmungsphilosophie und in der Epistemologie selbst begründet. Um in der Lage zu sein, etwas als „etwas" zu erkennen, müssen wir bereits über Beobachtungen, Modelle und Theorien verfügen.

and philosophical formulas cover the earth like a vegetation of countless forms." (5/40)

According to Dilthey, unlike an individual Weltanschauung, which is "ephemeral", a particular attitude of a historical personality to life and world can become a prevailing pattern of Weltanschauung, a unitive system bringing "stability and peace" into the minds of others: "The swirling current of inner events, the fortituous and particular in the content of life's affairs, the uncertain and shifting in cognition, evaluation, and resolution ... these are overcome." (5/40)

Dilthey considers three spheres of culture: religion, philosophy, and poetry. He compares the structure of religious, philosophical, and poetic Weltanschauung to each other, distinguishes various types within these categories, and describes them in their historical context. Thus the term "Weltanschauung" is used by him at various levels. But in his general view, it is "a creation of mind which includes knowledge of the world, ideals, moral legislation, and choice of ultimate goals", but not "the intention to perform specific acts". (5/41)

As the meaning of "Weltanschauung" sometimes comes very close to that of "ideology", it may be useful to search for a distinction between them. According to the last quotation by Dilthey, Weltanschauung does not imply any appeal to immediate action, but includes objective knowledge in addition to subjective and social components. Ideology was criticized by Marx himself as a "false consciousness" which causes the maintenance of established views and thus serves the ruling class. Seen more widely, it might be described as an arbitrary distortion of reality which masks some special set of interests, and as a belief system which can be used to mobilize people to action.

Thus, in comparison with ideology, Weltanschauung may be characterized as not tendencious, but accessible to subjective interpretations as well as to some kind of scientific objectiveness. Not only can it find its place in the realm of philosophy, but every philosophical system, even purest logic or most transcendental thought, can be seen as a cultural-historical fact, as a more or less systemized Weltanschauung, or at least in a context thereof.

The reason for this fact lies in the philosophy of perception and in epistemology itself. To be able to recognize something as "something", we must already posses some notions, models, theories.

Zum Beispiel „ist es weder ein Zufall noch eine gewöhnliche Tatsache, dass wir normalerweise Dinge so sehen wie sie sind, ... dass es, zumindest in gewisser Weise, eine wesentliche oder inhärente Verbindung gibt zwischen der Wahrnehmung und den Dingen wie sie sind ... Es gibt keine zwingende Logik in der Annahme, dass wir rote Dinge normalerweise rot sehen." Das bedeutet, dass die „Verbindung zwischen der Art, wie man farbige Objekte wahrnimmt und welche Farben diese Objekte tatsächlich haben ... von uns konzeptualisiert wird." (3a/21–23)

Beim Versuch, den Kern des Wissens zu erfassen, muss bereits ein Wissen darüber vorausgesetzt werden, was Wissen ist, und dann ist die Begrenzung des Wissens ein Wissen über das Wissen, wobei die gleiche Frage stets erneut auftaucht. Das ist das Problem des erkenntnistheoretischen Zirkels (8/35), auf den Hegel verwiesen hat und der in anderer Form als hermeneutischer Zirkel wiederkehrt.

Durch die Geschichte der Philosophie zieht sich eine anhaltende Diskussion über Erkenntnis, ihre beiden Instanzen – die Sinne und den Intellekt – und über die Vorherrschaft des einen oder des anderen.

Für Aristoteles war die Sphäre der Sinne primär, als er konstatierte: „Nihil est in intellectu quod non prius fuerit in sensu." Aber er setzte zwischen diese beiden Sphären eine dritte – die Fantasie. Darunter verstand er die rezeptive Fähigkeit, sinnlich aufgenommene Informationen in „Bilder" bzw. in Vorstellungen zu verwandeln, die dann zur Weiterverarbeitung an den Intellekt übermittelt werden müssen.

Seit Kants Theorie der Einbildungskraft ist eine andere Meinung über die Bedeutung der Fantasie vorherrschend. Nach seiner Auffassung ist sie ein „produzierendes und projektiv-projizierendes Vermögen". (8/15) Unter diesem Gesichtspunkt ist Fantasie eine Instanz, die Welt „entwirft", ein „Horizont", der sich über das Seiende erstreckt, wie Husserl und Heidegger es formulierten.

In den unterschiedlichen Diskursen über Beobachtung, Hypothese und Erfindung nehmen Empiristen und Rationalisten konträre Positionen ein. Erstere glauben an die Priorität von durch Beobachtung gewonnenen Erfahrungen als Grundlage für Theoriebildung, letztere gehen davon aus, dass Konzepte, Ideen, Theorien erfunden sind und dass „die Beobachtung der Theorie überhaupt nicht vorangehen" kann, „denn jede Beobachtung setzt irgendeine Theorie voraus". (9/31/a)

„Aber in Wirklichkeit ist der Glaube, daß man ohne Zuhilfenahme einer Theorie oder dergleichen nur von Beobachtungen ausgehen könne, absurd ... Beobachtung ohne Auswahl gibt es nicht. Ihre Voraussetzung ist ein bestimmtes Objekt, eine begrenzte Aufgabe, ein Interesse, ein Standpunkt, ein Problem." (9/32f/b)

For example, "it is not a contingent matter, not just an ordinary matter of fact, that, normally, we see things as they are, ... that there is, in some respect at least, an essential or internal connection between perception and how things are. ... There is nothing logically necessary in the proposition that we normally see red things as red." It means, that the "connection between the way people see coloured objects and what colours those objects actually have ... lies in our concepts". (3/21-23)

In the attempt to define the essence of knowledge, the knowledge of what knowledge is must be presupposed, and then the determination of knowledge is a knowledge of knowledge, whereby the same question arises again. That is the problem of the epistemological circle (8/35) which Hegel pointed to, and which appears in another form as the hermeneutic circle.

In the history of philosophy, there has been persistent discussion about cognition, its two instances - the senses and the intellect, and about the priority of one or other of them.

To Aristotle the sphere of the senses was the primary one, as he defined: "Nihil est in intellectu quod non prius fuerit in sensu." But he installed between these two spheres a third one - the fantasy. He saw it as a receptive ability which transforms the information gained by the senses into "pictures", i.e. concepts. These are to be conveyed as propositions for further elaborations to the intellect.

Since Kant's theory of the power of imagination, there has been another predominating opinion about the role of fantasy. Accordingly it is a "producing and projective-projecting ability". (8/15) Seen in this light, fantasy is an instance generating a "project" of the world, a "horizon" cast above the being, as Husserl and Heidegger put it.

In the discourse at various levels about observation, hypothesis, and invention, empiricists and rationalists have taken contrary positions. The former believe in the priority of observational experiences which give rise to theories, the latter assert that concepts, ideas, theories are invented, and that "observation as such cannot be prior to theory as such, since some theory is presupposed by any observation". (9/33/a)

"But in fact the belief that we can start with pure observations alone, without anything in the nature of a theory, is absurd ... Observation is always selective. It needs a chosen object, a definite task, an interest, a point of view, a problem." (9/33/b)

Die gesamte Evolution erweist sich – wohl nicht nur nach Poppers Ansicht – als eine Geschichte des Problemlösens. Dies schafft Werte, die „zusammen mit den Problemen auftauchen" und „nicht ohne Probleme existieren können". Sie nehmen ihren Platz zwischen „historisch entstehenden Problemen und Traditionen" ein und beziehen sich auf sie. „Die Welt der Werte transzendiert also die wertfreie physikalische Welt der Tatsachen – die Welt der nackten Tatsachen, wenn man so sagen darf." (10/295–296) Demnach rangieren Theorien vor den Beobachtungen, werden von Problemen angefacht und von Werten gestützt.

Offensichtlich anerkennen auch Rationalisten, dass jedem Konzept bestimmte Beobachtungen vorausgehen. Aber diese sind in den Kontext eines früheren Konzepts gebettet – welchem wiederum Beobachtungen vorausgegangen sind, die in den Kontext usw. ... Diesem Problem bis ins Dunkel des Mutterschoßes oder zu den Anfängen der Evolution nachgehend, stößt Popper schließlich auf „unbewusste, *angeborene* Erwartungen" (9/33/a) als primitive Theorien.

Aber was „schaut heraus" aus dem etymologischen Ursprung dieser „Erwartungen"? Ist das nicht alles empiristische Konspiration? Freilich könnten wir das Problem auf der Ebene des verbalen Ausdrucks mit dem Begriff „Weltanschauung" lösen, der gleichermaßen zweierlei bedeuten kann: „ein Konzept von der Welt haben" und „einfach auf die Welt schauen"; sodass sich die Frage nach der Priorität von Hypothese oder Beobachtung überhaupt nicht stellen würde.

Für das Konzept von „Weltanschauung" mag diese Frage tatsächlich nicht die wichtigste sein. Worum es hier wirklich geht, ist das ständige Wechselspiel von Hypothese und Beobachtung und ihre gegenseitige Abhängigkeit im Entstehungsprozess unserer Weltanschauung – ein Konzept, beeinflusst von unseren Erfahrungen, die wir wiederum nur in Anwendung unserer Theorien machen konnten. Streng genommen ist es ein Konzept, das auf einer einzigen Beobachtung fußt – sofern es eine solche überhaupt gibt –, denn selbst die sinnloseste Erfahrung kann die Weltanschauung ein wenig verändern, woraus sich theoretisch eine weitere Hypothese entwickeln kann. Ihr ging eine Beobachtung voraus, die wir im Lichte unserer Hypothese interpretiert haben: die vorhergehende oder die neue? – das ist die Frage. Vielleicht eine Frage der Invention, und wir würden uns freuen, wenn der kreative Moment der Invention mit dem Moment der Interpretation zusammenfiele: Eine schöpferische Interpretation der Welt ist doch genau das, wonach wir suchen.

The whole evolution is - certainly not only in Popper's view - a history of problem solving. But this generates values which "emerge together with problems" and "could not exist without problems". They take their place among "historically emergent problems and traditions" and relate to them. "The world of values transcends the valueless world of facts - the world of brute facts, as it were." (10/193-194) Thus theories come before observations, are introduced by problems, and accompanied by values.

It is obviously acknowledged by rationalists too that every concept is preceded by some observations. But these have been realized within the framework of an earlier concept - preceded by other observations realized within the framework of ... Following this problem down to the darkness of mother's body or that of evolution's origins, Popper finds in the end "unconscious, inborn expectations" (9/34/a) as embryonic theories.

But what is "looking out" from the etymological source of "exspectations"? Is it not an empiricist conspiracy? Certainly, we could solve the problem at the level of verbalism much better with the word "Weltanschauung", the meaning of which might be at the same time both: "having a concept of the world" and "just looking at the world"; so that the question of the hypothesis/observation priority would not even be raised at all.

However, for a conception of "Weltanschauung" this question is perhaps not the most important one. What really matters here is the successive change of hypothesis and observation, and their mutual dependence in the buiding process of our Weltanschauung, a concept influenced by our experiences which we have been able to make only by the application of our theories. Taken strictly, it is a concept preceded by one single observation only - if there is such a thing - because the most meaningless experience theoretically modifies the Weltanschauung a little, and this theoretically becomes another hypothesis. It is preceded by an observation which we have interpreted in the light of our hypothesis - the former one or the new one? - that is the question. Perhaps this is the question of invention, and we would be pleased if the creative moment of invention came together with the moment of interpretation: a creative interpretation of the environment is precisely what we are looking for.

If our knowledge can consist only of our theories which "are not 'given' to us from outside by objective regularities in our environment, but are developed by us in response to our own problems,

Wenn sich unser Wissen nur aus Theorien zusammensetzt, die „uns nicht von außen durch objektive Regelmäßigkeiten in unserer Umwelt ‚gegeben'" sind, sondern von uns selbst „in Antwort auf unsere eigenen Probleme, Interessen und Ansichten entwickelt" werden (9/32/b), und wenn Beobachtungen „immer *Interpretationen* der beobachteten Tatsachen sind" (9/32), dann sind unsere Interpretationen immer auch Theorien, und unsere Weltanschauung kann als ein Deutungssystem angesehen werden, als der Rahmen eines Fensters, durch das wir die Welt betrachten und durch dessen Ausschnitt wir unsere Theorien über die Welt formen. Solange wir an dieser Konstruktion festhalten, können wir immer nur das gleiche Segment der strukturierten Wirklichkeit sehen, ohne neue Erfahrungen zu machen, ohne neue Theorien zu entwickeln. Der Bau oder die Rekonstruktion eines Fensters ist natürlich Architektur, und so erscheint es angemessen, dass „Architekten" mit ihren eigenen „Fenstern" ebenso verfahren. (Abb. 2)

Solange wir existieren, benötigen wir fortwährend Konzepte – für die einfache Wahrnehmung z. B. einer Farbe ebenso wie für ein wissenschaftliches Experiment. Wir verfertigen diese bewusst oder unbewusst, wenn sie nicht überhaupt ein Teil von uns sind. Im Grunde mögen wir Konzepte, und sei es nur deshalb, weil wir sie zerstören wollen. Laut Bakunin ist die „Lust der Zerstörung zugleich eine schaffende Lust". (11/17) Popper meint, dass „wir versuchen, unsere Theorien an unserer Stelle sterben zu lassen". (9/68f) (Das ist möglicherweise das schönste Beispiel für Ersatz, das wir finden können.) Wir brauchen Ideen, Pläne, Modelle, Horizonte, Weltanschauungen; und wir brauchen Katharsis. Deshalb hören wir niemals auf, falsche Konzepte zu verwerfen und die Struktur unserer Theorien zu rekonstruieren, was auch die Interpretation unserer Erfahrungen miteinschließt. Als unser grundlegendes Konzept des Interpretierens wird Weltanschauung immer die Qualität von „Offenheit" behalten.

interests and points of view" (9/34/b), and if observations "are always interpretations of the facts observed" (9/33-34), then our interpretations are also theories, and our Weltanschauung can be seen as an interpretative concept, as the framework of the window through which we observe the world, and within the scope of which we make our theories about the world. As long as we keep this construction, we can always see only the same segment of reality structured according to this window-frame. But to keep it for ever would mean having no new experiences, making no new theories. To construct and rebuild a window is, of course, architecture, and it seems probable that "architects" also do it with their "windows". (Fig.2)

During our existence we continually need concepts - for simple perception e.g. of a colour as well as for a scientific experiment. We make these concepts consciously or inconsciously, or they are even inherent in us. In fact, we also like concepts, be it just because we like to destroy them. According to Bakunin, "the passion for destruction is also a creative passion". (11/17) Popper says "we try to let our false theories die in our stead". (9/64) (That may at the same time be the most beautiful example of Ersatz we can find.) We need ideas, plans, models, horizons, Weltanschauungen; and we also need catharsis. Therefore we never stop eliminating false concepts and rebuilding the structure of our theories which also includes the interpretations of our experiences. Weltanschauung as our general interpretative concept will always keep the quality of "openness".

PROJEKT FÜR EIN HAUS: ANSICHT AUS BESTEHENDEM HAUS GEGENÜBER
Abbildung 2: Die Weltanschauung eines humanen Architekten (J.T. 1972)

PROJECT FOR A HOUSE : VIEW FROM THE OPPOSITE EXISTING HOUSE

Figure 2: The Weltanschauung of a Humane Architect (J.T.1972)

Die Offenheit

Wenn die grundsätzliche Offenheit sowohl ein allgemeines Merkmal von Gestalt als auch von Weltanschauung ist, sollten wir kurz der Frage nachgehen, wie diese zusammenhängen und wie sie mit einer anderen Art von Offenheit verbunden sind, nämlich mit den lebendigen offenen Systemen, von denen sie gebildet werden.

In der Systemtheorie taucht der Begriff „Gestalt" erneut auf. Aber hier, in einem ganz anderen Kontext, bedeutet er nicht exakt dasselbe wie in der Gestaltpsychologie. Die Gestalt eines Systems ist kein abstraktes Gebilde als Produkt unserer Wahrnehmung, sondern die konkrete Eigenschaft eines realen Objekts.

Systemtheoretiker meinen, dass „es eine logische Gattung gebe, die für die Betrachtung von Ganzheiten geeignet ist" (12/17) und nennen sie „System" im Unterschied zu „Aggregat". „Es ist ein Kennzeichen von Aggregaten, dass ihre Bestandteile hinzugefügt werden; es ist ein Kennzeichen von Systemen, dass ihre Bestandteile arrangiert werden." (12/26) Folglich ist ein System strukturiert, es ist ein Ganzes, das mehr als die Summe seiner Teile ist, es verfügt über „Gestalteigenschaften".

Die ausgereiftesten Systeme sind „lebendige Systeme", die auf Basis der negativen Entropie existieren. Einige davon haben wir bereits erwähnt: Kinder, Philosophen, Woolves, Kafkas, Menschen und Katzen. Sie alle befinden sich in permanenter Bewegung oder Veränderung und interagieren mit ihrer Umwelt. Der wichtigste Vertreter der Allgemeinen Systemtheorie, Ludwig von Bertalanffy, definiert es so: „Vom physikalischen Standpunkt aus betrachtet ist der charakteristische Zustand eines lebenden Organismus der eines offenen Systems. Ein System ist geschlossen, wenn es keine Materie aufnimmt oder abgibt; es ist offen, wenn es Import und Export und infolgedessen Austausch der Bestandteile gibt. Lebendige Systeme sind offene Systeme, die sich im Austausch von Materie aus der Umwelt erneuern und sich in fortwährender Generierung und Zerstörung ihrer Bestandteile befinden." (12/70) Der „Austausch von Materie" bedingt, dass lebendige Systeme auch Teile ihrer Umwelt schaffen und zerstören, also auch Architektur im weitesten Sinn erzeugen.

Um zu überleben und etwas hervorzubringen, strebt ein lebendiges System eine Art Gleichgewicht an; trotz der ständigen Bewegung seiner Bestandteile behält es seine Gestalteigenschaften. Es versucht in Einklang mit seiner Umgebung zu kommen, den Austausch der Materie zu optimieren und stabil zu bleiben. Diachronisch betrachtet bleibt ein stabiler Organismus „nicht der idente Organismus …, sondern ein hochgradig ähnlicher Organismus". (12/96)

The Openness

If the essential openness is a common characteristic of both Gestalt and Weltanschauung, we should examine briefly how these to relate to each other, and how they relate to another kind of openness, namely to the living open systems which construct them.

In the systems theory we meet the term "Gestalt" again. But here, in a different context, its meaning is not exactly the same as in Gestalt psychology. The Gestalt of a system is not an abstract figure as a matter of our perception but a concrete property of a real object.

Systems theoretists say that "there is a logical genus suitable to the treatment of wholes" (12/17), they call it "system", and distinguish it from "aggregate". "In aggregates it is significant that the parts are added; in a system it is significant that the parts are arranged." (12/26) Thus a system is structured, it is a whole which is more than the sum of its parts, it has "Gestalt properties".

The most refined systems are "living systems" existing on the principle of negative entropy. We have already mentioned some of them: childern, philosophers, Woolves, Kafkas, men and cats. All of them are in incessant change or motion, and interact with their environment. The general promotor of systems, Ludwig von Bertalanffy, defines: "From the physical point of view, the characteristic state of the living organism is that of an open system. A system is closed if no material enters or leaves it; it is open if there is import and export and, therefore, change of the components. Living systems are open systems, maintaining themselves in exchange of materials with environment, and in continuous building up and breaking down of their components." (12/70) The "exchange of materials" implies that living systems also build up and break down parts of their environment, thus making architecture in the widest sense of the word.

To survive and to perform work, a living system tends to attain a kind of equilibrium; it keeps its Gestalt properties though there is a continuous flow of the component materials. It tries to harmonize itself with the environment, to optimize the material exchange with it, and to maintain a "steady state". Seen diachronically, an organism in steady state remains "not the identical organism ... but a highly similar organism". (12/96)

„Der Input in lebendige Systeme besteht nicht nur aus energetischen Impulsen, die im Verarbeitungsprozess transformiert oder verwandelt werden. Inputs sind auch in ihrer Zeichenhaftigkeit informativ und füttern die Struktur mit Daten über die Umwelt und über ihr eigenes Funktionieren in Bezug auf die Umwelt." (12/95)

Ein Organismus, der überleben will, muss sich „rational" verhalten. Er muss seinen Kurs unter Kontrolle haben und ihn auf Basis von negativem Feedback korrigieren. Aber die operativen Möglichkeiten jedes Organismus sind beschränkt.

„Die Aufnahme von Inputs in ein System erfolgt selektiv. Nicht alle Energieinputs können von jedem System absorbiert werden. Der Verdauungsapparat eines Lebewesens nimmt nur jene Substanzen auf, an die er gewöhnt ist. Auf ähnliche Weise können Systeme nur auf jene Informationssignale reagieren, auf die sie eingestellt sind. Die allgemeine Form dieser Selektionsmechanismen eines Systems, mit deren Hilfe eintreffende Impulse abgelehnt oder akzeptiert und für die Struktur übersetzt werden, ist die Kodierung. Durch den Kodierungsprozess wird das ‚blühende, summende Durcheinander' der Welt für ein bestehendes System auf einige wenige aussagekräftige und simplifizierte Kategorien reduziert. Die Natur der Funktionen, die das System bereitstellt, determiniert ihre Kodierungsmechanismen, die ihrerseits diesen Typus des Funktionierens perpetuieren." (12/96)

Hier könnte man einen gewissen Fatalismus konstatieren. Obwohl wir „offene" Systeme sind, sind wir dazu verurteilt, in einen geschlossenen Kreislauf einzutreten. Aber zum Glück bewegen wir uns in Form einer Spirale, da es so etwas wie „dynamische Selbstregulierung" gibt, die es uns ermöglicht, nicht nur das „vorhergehende Gleichgewicht" wiederherzustellen, sondern als Ergebnis von Strategien zur Vermeidung von Fehlern und Schmerzen auch „ein neues, komplexeres und umfassenderes" zu schaffen (12/97/a).

Und so verhalten sich offene Systeme nicht nur „rational", sondern auch in „rationalistischer" Weise; um Probleme zu lösen – z.B. um in der Welt zu überleben –, entwickeln sie Theorien „in Form neuer Reaktionen, neuer Erwartungshaltungen, neuer Verhaltensmodelle". (9/57) Sie können sich ihrerseits Theorien, etwa die Evolutionstheorie aneignen, was aber nur über Selektion möglich ist. Da eine biologische Mutation nur infolge eines chemischen Zufalls erfolgt (13/110ff), integrieren offene Systeme nicht nur Versuche, sich an ihre Umwelt anzupassen, sondern vor allem auch Zufälle. Und da es „keinen logischen Weg" gibt, zu neuen Ideen zu kommen (9/31), beinhalten ihre Theorien immer auch eine „irrationale" Komponente, so etwas wie Erfindung. Die Falsifikation einer „angeeigneten" oder „erfundenen" Theorie mag auf die Auslöschung des Systems hinauslaufen, indem es z.B. seine Gestaltqualitäten verliert.

"The imputs into living systems consist not only of energic materials which become transformed or altered in the work that gets done. Imputs are also informative in character and furnish signals to the structure about the environment and about its own functioning in relation to the environment." (12/95)

An organism which intends to survive has to move in a "rational" way. It must control its course and correct it on the principle of negative feedback. But the operative possibilities of every organism are limited.

"The reception of imputs into a system is selective. Not all energic imputs are capable of being absorbed into every system. The digestive system of living creatures assimilates only those imputs to which it is adapted. Similarly, systems can react only to those information signals to which they are attuned. The general term for the selective mechanisms of a system by which incoming materials are rejected or accepted and translated for the structure is coding. Through the coding process the 'blooming, buzzing confusion' of the world is simplified into a few meaningful and simplified categories for a given system. The nature of the functions performed by the system determines its coding mechanisms, which in turn perpetuate this type of functioning." (12/96)

Here we might feel a certain fatalism. Though we are "open" systems, we would be condemned to enter a closed circle. Fortunately, we pursue a spiral, because there is such a thing as "dynamic homeostasis" enabling us not simply to restore "the prior equilibrium" but to establish "a new, more complex and more comprehensive" one (12/97/a) as a result of forestalling tactics of avoiding mistakes and pains.

Thus open systems do not only move in a "rational" way, but they also act in a "rationalist" manner: solving problems, e.g. that of survival in the environment, they develop theories "in the form of new reactions, new expectations, new modes of behaviour" (9/57). They themselves incorporate theories, e.g. that of evolution, but they can do this only by the means of selection. As a biological mutation arises only by chemical chance (13), they embody not only trials to adapt themselves to their environment but also, and primarily, accidents. And as "there is no such thing as logical method of having new ideas" (9/32), their theories always contain also an "irrational" component, a kind of invention. The falsification of an "incorporated" or an "invented" theory may be identical

Die „objektive" Gestalt eines offenen Systems ist die Verkörperung einer Theorie, eine immanente Versuchsanordnung für das Problem des Überlebens, wobei es keine Rolle spielt, wie man zu dieser Theorie gelangt ist. Eine derartige Gestalt bleibt Theorie, auch wenn sie aus bloßen „historischen Zufällen" besteht.

Die „subjektive" Gestalt, die ein offenes System wahrnimmt, ist dessen Privattheorie, ein aktueller Lösungsversuch, der ebenfalls mit dem Grundproblem des Überlebens zusammenhängt, wobei es keine Rolle spielt, wie man zu dieser Theorie gelangt ist. Eine derartige Gestalt bleibt Theorie, auch wenn sie das Ergebnis einer „schöpferischen Intuition" oder ein Produkt des „Mythos der Induktion" ist. In keinem Fall ist sie „bloßes Schauen", zumal jede Beobachtung eine Theorie voraussetzt – bewusst oder unbewusst.

Ehe sich ein retinaler Reiz zur ersten Gestalt eines Sessels formt – der sich vom „Umgebungslärm" abhebt, so dass sich die Partikel des Sessels nicht länger in der Unordnung des Raums verlieren –, müssen wir bereits eine primitive Theorie von einem Sessel oder zumindest von einem Gegenstand haben. Wir sind jedenfalls mit einer verinnerlichten Theorie der Suche nach Gegenständen auf die Welt gekommen. Wir behalten die erste Sessel-Gestalt als „Theorie eines Sessels" in Erinnerung und diese wird die Basis unserer Einschätzung von derartigen Gegenständen, für unsere „Theorie von Sesseln", bilden.

Jeder Gegenstand, den wir künftig sehen, wird unweigerlich dahingehend überprüft, ob er nicht auch ein Sessel sein könnte. Das versteht man unter „Gestalttransposition". Wir werden imstande sein, einen Gegenstand als Sessel zu erkennen, auch wenn ihm z. B. ein Bein fehlt. Das versteht man unter „Gestaltprägnanz". Selbst am Kopf stehend werden wir einen Sessel erkennen, auch wenn er sich uns verkehrt herum zeigt. Das versteht man unter „Gestaltkonstanz". Und so weiter.

Im täglichen Umgang mit Sesseln werden wir unsere Einzeltheorie eines Sessels überprüfen und folglich auch unsere allgemeine Sessel-Theorie korrigieren. Zugleich sind wir nur auf Basis dieser allgemeinen Sessel-Theorie in der Lage, einen bestimmten Sessel zu betrachten und zu beurteilen.

Doch diese Theorie wird nicht nur von jeder neuen Sessel-Erfahrung beeinflusst. Sessel werfen manchmal Schatten auf Mäuse. Im Versuch, unser Verständnis von Mäusen zu erhellen, werden wir Sessel in einem neuen Licht betrachten. Außerdem wird uns vielleicht interessieren, was andere Menschen über Sessel denken. Sie werden viel über sie zu berichten haben und wir werden versuchen, unsere Fragen zu formulieren. Auf diese Weise wird Sprache zum Bestandteil unserer Theorien.

with the termination of the system, i.e. with the loss of its Gestalt qualities.

The "objective" Gestalt of an open system is an embodied theory, an incorporated trial solution to the problem of survival. It does not matter how this theory has been arrived at. Such a Gestalt remains a theory, though it might consist of mere "historical accidents".

The "subjective" Gestalt perceived by an open system is its private theory, an actual trial solution to a problem which is also related to the prime problem of survival. It does not matter how this theory has been arrived at. Such a Gestalt remains a theory, be it a result of a "creative intuition" or a product of the "myth of induction". In no case it is "just looking", since every observation presupposes a theory - conscious or unconscious.

Before a retinal stimulation gives rise e.g. to our first Gestalt of a chair - which is distinguished from the "noise" of the environment so that the points of the chair no longer merge in the disorder of the room - we must already have a primitive theory of a chair or, at least, a primitive theory of an object. However, we are born with an embodied theory of looking for objects. We will keep the first chair Gestalt in our memory as a "theory of a chair", and it will create the basis for our opinion of such objects, for our "theory of chairs".

Every object we see in future will automatically be examined in the sense of whether it could not be a chair again. This is "Gestalt transposition". We will be able to identify an object as a chair, though e.g. one of its legs is missing. This is "Gestalt pregnancy". Standing on our heads, we will recognize a chair, even if it is an overthrown one. This is "Gestalt constancy". Etc.

In daily contact with chairs we will test our singular theories of single chairs and thus also correct our theory of chairs in general. At the same time, we will be able to observe and judge a chair only in the light of this theory.

But this theory will be influenced not only by every new experience with a chair. Chairs sometimes throw shadows on mice. Attemting to elucidate mice, we will begin to see chairs in a new light. Moreover, it will probably interest us what other men think of chairs. They will tell us a lot about them, and we will try to formulate our questions. Thus language becomes a component of our theories.

Dann werden wir möglicherweise entdecken, dass ein Sessel nicht nur ein objektiver materieller Gegenstand und ein subjektiver Bestandteil unseres Bewusstseins ist, sondern auch ein Stück unseres kulturellen Erbes, die von irgend jemandem materialisierte Idee, die – von diesem losgelöst – eine Gestalt der „dritten" Art bildet und als solche dem „objektiven Wissen" angehört.

Philosophen, und natürlich auch Mäuse, tragen zur Vermehrung dieses „objektiven Wissens" bei; wir lassen sie inmitten ihrer Theorien (an unser statt) sterben, während sie mit allen möglichen ausgeklügelten natur- und/oder sozialwissenschaftlichen Experimenten beschäftigt sind. Trotzdem wird jede Lektüre eines Tractatus logico-philosophicus von Menschen und Mäusen nicht nur unsere persönliche Vorstellung von einem Sessel verändern – folglich jede Sessel-Gestalt, die wir wahrnehmen –, sondern auch unsere „Theorie von allem" – folglich jedes unserer allgemeinen Konzepte des Interpretierens, unsere Art zu kodieren, unsere Weltanschauung.

Sowohl Gestalt als auch Weltanschauung sind Theorien. Einerseits sind beide ein Teil von uns: Als lebendige Systeme sind wir Gestalten, die mit Kodierungsmechanismen ausgerüstet sind, mit einer fundamentalen Art von Weltanschauung, die unsere Wahrnehmung und unser Denken ermöglicht und begrenzt. Andererseits sind beide von uns gemacht: Im Zuge der Wahrnehmung erschaffen wir Gestalten als einfache Theorien und im Zuge des Denkens ordnen wir die Struktur unserer Weltanschauung neu.

Und so kann Gestalt als embryonale Weltanschauung, kann Weltanschauung als komplexe Gestalt angesehen werden. In jeder Gestalt, die wir wahrnehmen, ist die Struktur unserer Weltanschauung präsent und umgekehrt ist unsere Weltanschauung von allen Gestalten beeinflusst, die wir jemals wahrgenommen haben.

Auf der „dritten" Seite sind Gestalt und Weltanschauung de facto dasselbe und somit austauschbar. Nicht nur in dem Sinne, dass wir häufig auf ähnliche Gestalten und Weltanschauungen stoßen und diese vergleichen, sondern auch, dass sich beide – einmal hergestellt – von uns abkoppeln, dass sie zu „objektiven Strukturen" werden und von Individuen oder einer Kultur angeeignet werden können. Umgekehrt sind unsere Gestalten und Weltanschauungen – ob uns das recht ist oder nicht – in höchstem Maße abhängig von der Kultur, in der wir leben.

Die ganze Sache wird auch noch dadurch verkompliziert, dass Gestalten und Weltanschauungen auf allen drei Ebenen – der anthropologisch objektiven, der individuell subjektiven und der soziokulturell relativen – voneinander abhängen. Und so ist die einfachste Gestalt – auf welcher Ebene auch immer – auf so komplexe Weise verflochten, dass sie als vollständig vorherbestimmt erscheinen könnte. Doch tatsächlich bleibt sie auf allen drei Ebenen offen: auf der objektiven Ebene für Zufall und Selektionsdruck, auf der subjektiven für Erfindung und schöpferische Interpretation und auf der relativen für Kommunikation und Kritik. Dasselbe gilt auch für die Weltanschauung.

Then we will perhaps discover that a chair is not only an objective material thing and a subjective content of our mind, but also a part of our cultural heritage, someone's materialised idea which became independent of him and, as such, a "third" kind of Gestalt belonging to "objective knowledge".

Philosophers and, of course, mice too, will contribute to the growth of this "objective knowledge"; we will let them die with their theories (in our stead) during all kinds of sophisticated natural and/or social scientific experiments. Nevertheless, every reading of a tractatus logico-philosophicus of mice and men will influence not only our private theory of chairs - and thus every chair Gestalt we perceive - but also our "theory of everything" - and thus our general interpretative concept, our way of coding, our Weltanschauung.

Both Gestalt and Weltanschauung are theories. On the one hand, both of them are embodied in us: as living systems we are Gestalten equipped with coding mechanism, a fundamental kind of Weltanschauung, which enables and limits our perception and cognition. On the other hand, both of them are made by us: in the course of perception we construct Gestalten as simple theories, and in the course of cognition we reorganize the structure of our Weltanschauung.

Thus Gestalt can be seen as an embryonic Weltanschauung, and Weltanschauung as a complex Gestalt. In every Gestalt we perceive, the structure of our Weltanschauung is present, and, in turn, our Weltanschauung has been influenced by all Gestalten we have ever perceived.

On the "third" hand, both Gestalt and Weltanschauung, being de facto the same, are transposable. Not only in the sense that we often meet and compare similar Gestalten and similar Weltanschauungen, but also in the sense that both of them - once produced - can leave us, become "objective structures", be adopted by an individual or by a culture. In turn, whether we like it or not, our Gestalten and our Weltanschauungen are to a high degree determined by the culture in which we live.

The whole problem becomes complicated, as Gestalten and Weltanschauungen at all three levels - the anthropologically objective one, the individually subjective one, and the socio-culturally relative one - depend on each other. Thus the simplest Gestalt - no matter at which level - is so complexly interlaced that it could seem to be entirely predetermined. But, in fact, it remains open at

Offenbar können wir unsere Weltanschauung nicht in jedem Augenblick radikal ändern, da das Grundprinzip eines offenen Systems die „Bewahrung seines Systemcharakters" (12/97/b) ist. So wie „jeder interne oder externe Faktor einer Systemstörung auf Gegenkräfte stößt, die das System nach Möglichkeit in den vorigen Zustand zurückversetzen möchten" (12/97/c), wird auch die kognitive Struktur eines Systems „in einer Weise auf Einflüsse reagieren, die eine Aufnahme bei minimaler Veränderung der bestehenden kognitiven Integration" (12/97/d) erlaubt. Das gilt mit Sicherheit auch für soziale Organisationen und ihre Weltanschauung, die eine solche Verbindung zusammenhält. Und doch ist für jedes System eine Veränderung möglich und für sein Überleben manchmal auch notwendig; tatsächlich ist sie in seiner Offenheit enthalten.

Da wir die Lösungsversuche früherer Probleme verkörpern, schaffen wir, um unsere aktuellen Probleme zu lösen, neue Probleme, die ihrerseits nach Lösungen verlangen. Wir sind der Inbegriff dessen, etwas zu brauchen, etwas vorzubringen, etwas auszuprobieren, etwas zu benutzen, etwas anzunehmen oder zurückzuweisen, auf etwas zu kommen; wobei man „etwas" auch durch „Theorie", „Gestalt" und „Weltanschauung" (oder sogar „Ersatz") ersetzen könnte. Aber dieses Etwas, auf das wir kommen, ist in einer neuen Situation immer etwas anderes (z.B. ein Ersatz für den Ersatz eines Ersatzes etc.).

Solch ein Vorgang kann klarerweise nicht ohne merklichen Einfluss auf die Umwelt bleiben. Ein menschliches offenes System, das mit seiner Umgebung korreliert, verhält sich zugleich selbst-stabilisierend – im Sinne einer Manipulation der Umwelt – und selbstorganisierend – im Sinne einer Anpassung an diese. In seiner systemtheoretischen Studie wies Paul Tesar auf die paradoxen Folgen einer ausschließlich manipulativ orientierten Konzeption der Umweltgestaltung hin (14/36–42). (Da die Harmonisierung zwischen „der ökologischen Valenz der Umwelt" und „der ökologischen Potenz des Menschen" von verschiedenen Ausgangspunkten und auf unterschiedlichen Wegen erreicht werden kann, kann eine adaptive Methode bis zu einem gewissen Grad ein brauchbarer Ersatz für eine manipulative sein.)

all levels: at the objective level to accident and pressure of
selection, at the subjective level to invention and creative interpretation, at the relative level to communication and criticism.
The same applies to the three levels of Weltanschauung.

Obviously, we cannot change our Weltanschauung radically every
moment. The basic principle of an open system is "the preservation
of the character of the system". (12/97/b) As "any internal or external factor making for disruption of the system is countered by
forces which restore the system as closely as possible to its previous state" (12/97/c), the cognitive structure of a system, too,
"will react to influences in such a way as to absorb them with
minimal change to existing cognitive integration" (12/27/d). This
is certainly also valid for a social organization and its Weltanschauung which holds such a unit together. But a change of every
system is possible and sometimes even necessary for its survival;
it is in fact implied by its openness.

As we are embodied tentative solutions to former problems, in
trying to solve our actual problems we create new problems which
again require solution. We are incarnated something being in need
of something, proposing something, testing something, using something, adopting or rejecting something, arriving at something;
whereby for "something" one can substitute "theory", "Gestalt",
"Weltanschauung" (or even "Ersatz"). But that something we arrive
at is always something else in a new situation (e.g. an Ersatz for
an Ersatz of an Ersatz etc.).

Such a process obviously cannot remain without considerable influence on the environment. A human open system correlating with
its environment is at the same time both self-stabilizing - by means
of manipulation of the environment - and self-organizing - by means
of adaption to the environment. In his systems theoretical thesis
Paul Tesar pointed to the paradoxical consequences of a solely manipulatively orientated conception of environmental design. (14/36-42)
(As the harmonization between "the ecological valency of the environment" and "the ecological potency of the human being" can be
reached from different initial points and on various paths, an adaptive method can to a certain degree be a reasonable Ersatz for a
manipulative one.)

Trying to adapt ourselves, we again need concepts. We can hardly
start with the embodied ones and change our anthropological constitution. Of course, this would already be possible, but we do not

Im Versuch uns anzupassen sind wir wiederum auf Konzepte angewiesen. Wir können uns schwerlich mit den bereits vorhandenen begnügen und unsere anthropologische Konstitution kaum ändern. Natürlich wäre sogar das möglich, aber wir haben uns immer noch nicht mit dieser Vorstellung angefreundet, auch wenn wir von Roald Dahls Abspaltung von Gehirn und Auge amüsiert sind. (15/22–58) Doch wir können mit „Auge und Gehirn" (4) beginnen, indem wir sie dort lassen wo sie sind und versuchen, sie so weit wie möglich offen zu halten. (Abb. 3)

Selbstverständlich sind wir in vielerlei Hinsicht determiniert und begrenzt, aber alle Arten von Gestalten stehen uns offen, solange wir unsere Weltanschauung nicht verschließen. Und umgekehrt bleibt unsere Weltanschauung offen, solange wir Gestalten nicht als geschlossene Sache ansehen.

Über Open-end-Architektur wurde eingehend diskutiert, und es ist symptomatisch, dass die heftigste Debatte über die „neue" Architektur gerade dann stattfindet, wenn kaum mehr weitere Architektur benötigt wird oder entstehen kann, Umbau aber umso dringlicher erscheint. Jede Architektur ist grundsätzlich open-ended, wenn sie von open-minded offenen Systemen, die in einer offenen Gesellschaft leben, angenommen wird. Dann wäre jede fertige „kulturelle" Gestalt ebenfalls offen. Aber es gibt da gewisse Männer, die auf gewissen Stühlen sitzen, die die Offenheit als solche abschaffen wollen.

like this idea yet, though we are amused by Roald Dahl's isolated brain and eye (15/19-46). But we can start at "Eye and Brain" (4), leaving them where they are and keeping them as open as possible. (Fig.3)

Certainly, we are determined and limited in many directions. But all kinds of Gestalten remain open to us as long as we do not close our Weltanschauung. In turn, our Weltanschauung remains open as long as we do not consider Gestalten as closed matters.

There has been discussion of an open-end architecture. It is symptomatic that the most vehement discussions about "new" architecture take place where scarcely any more architecture needs to and can be done, where adaption becomes increasingly urgent. Every architecture is in principle open-ended when it is received by open-minded open systems living in an open society. Then any finished "cultural" Gestalt is open, too. But there are certain men sitting on certain chairs who try to dissolve the openness as such.

Abbildung 3: Die Offenheit eines glücklichen Systems   (Xerokopie von J.T. 1978)

Figure 3: The Openness of a Lucky System   (Xerox copy of J.T.1978)

Magische Formeln I

DIE BEZAUBERTE GESTALT

Manche Gestalten sind uns lieber als andere. Liegt das am Ende an den Objekten, die unseren Gestalten zugrunde liegen?

Die Objekte haben ihre eigenen Gestalteigenschaften als verkörperte Ideen von Natur, von Evolution oder von Menschen. Aber diese Ideen sind nicht ident mit unseren Ideen über sie und mit den Qualitäten der Gestalten, wie wir sie wahrnehmen, obwohl sie davon in einem gewissen Grad beeinflusst werden. So kann zum Beispiel die Gestalt einer Fliege mit all ihren Gestalteigenschaften für uns nur ein schwarzer Punkt sein. Und ein Frosch sieht sie überhaupt nicht, solange dieser Punkt sich nicht bewegt. (4/92–94) Wir können versuchen, die Eigenschaften von Objekten wissenschaftlich objektiv zu erkennen, aber auch dazu benötigen wir unsere eigenen Begriffe und müssen wir unsere Kodierungsmechanismen einsetzen, um damit letztlich zu einer mehr oder weniger objektiven Interpretation zu gelangen.

Auf einer bestimmten Ebene mag es wohl so etwas wie eine psychologische Isomorphie geben – wir sind ja alle Teil der physischen Welt. Auf einer anderen Ebene jedoch gibt es diese Unvergleichbarkeit von Theorien (16/310–391) – zugleich sind wir Teil einer Kultur, die die Grundstrukturen unserer Wahrnehmung beeinflusst. Deshalb können wir das Absolute niemals finden. Und es ist wohl ebenso ein kulturelles Phänomen, dass die Hoffnungslosigkeit, es jemals zu finden, uns nicht davon abhält, danach zu suchen.

Die Suche nach dem Absoluten, oder besser nach dem absolut Objektiven, wurde auch mit dem Begriff der Gestalt – seit der Aktualisierung dieses Terminus durch Ehrenfels im Jahr 1890 – in Verbindung gebracht. Indem er versuchte, die gesamte Ästhetik „auf dem Fundament der Gestalttheorie aufzubauen" (2/128/b), begriff er Gestalt als ein objektiv wahrnehmbares Objekt und definierte „den Grad der Gestaltung" und „die Reinheit der Gestalt" (2/128–129/a) als deren vom Beobachter unabhängige immanente Qualitäten. Demnach hat z. B. eine Rose eine höhere Gestalt als ein Sandhaufen, und mathematisch genaue Formen sind die reinsten Gestalten. Daraus leitet er seine Definition von Schönheit ab: „Was wir ‚Schönheit' nennen, ist nichts anderes als ‚Höhe der Gestalt'. Unschön ist das niedrig Gestaltete." (2/128–129/b) „Höhe" und „Reinheit" von Gestalt implizieren natürlich die Voraussetzung von „absoluten Werten". Ehrenfels hatte dieses Problem erkannt, dachte aber, dass es nicht notwendig wäre, es innerhalb seiner Kosmogonie zu lösen. (2/129)

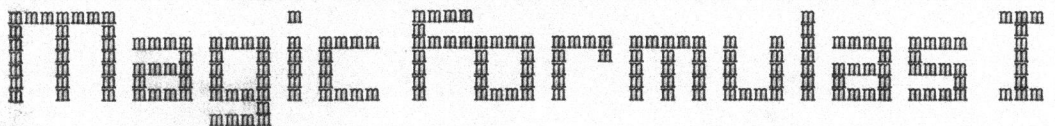

Magic Formulas I

THE ENCHANTED GESTALT

We like some Gestalten more than other Gestalten. Is this caused by the objects which are the bases of our Gestalten?

The objects have their own Gestalt properties as embodied ideas of nature, of evolution, or of human beings. But these ideas are not identical with our ideas about them, with the qualities of the Gestalten perceived by us, though they influence them to some degree. For example, our Gestalt of a fly with all its Gestalt properties can be just a black dot. And a frog does not see it at all as long as the dot does not move. (4/92-94) We can try to recognize the properties of objects in a scientifically objective way, but for this purpose too we need our own concepts and use our coding mechanism, so that we always arrive at only a more or less objective interpretation.

At a certain level, there may be such a thing as psychophysical isomorphy; we are after all a part of the physical world. But at another level, there is such a thing as incommensurability of theories (16/310-391); we are at the same time a part of a culture which exerts its influence down to the basic structures of our perception. Thus we never can find the absolute. It is probably a cultural phenomenon, too, that the hopelessness of finding it does not restrain us from seeking it.

The search for the absolute or, say, the absolutely objective has also been connected with the notion of Gestalt since the actualization of the term by Ehrenfels in 1890. As he intended "to build up the entire aesthetics on the foundation of the Gestalt theory" (2/128/b), he saw Gestalt as an objectively perceivable object and defined "the degree of Gestalt" and "the purity of Gestalt" (2/128-129/a) as its immanent qualities independent of observer. Accordingly, e.g., a rose has a higher Gestalt than a hill of sand, and mathematically exact solids are the purest Gestalten. Hence follows his definition of beautiful: "What we call 'beauty' is nothing else than 'the height of the Gestalt'. Ugly is what has a low degree of Gestalt. ..." (2/128-129/b) The "height" and "purity" of Gestalt imply of course the supposition of "absolute values". Ehrenfels

Wie auch immer, sobald Gestalt objektiviert ist, tritt sie in eine Schönheitskonkurrenz ein. Strenge Richter klassifizieren sie im Namen wissenschaftlicher Objektivität und errechnen ihr „ästhetisches Maß" mithilfe von zunehmend komplizierten magischen Formeln.

Die elementare Formel, die G. D. Birkhoff 1929 vorgeschlagen hat (17/25), ist ein einfaches metaphysisches Axiom. Demnach ist das „ästhetische Maß", das von M. Bense zuweilen als „das Gestaltmaß MÄ der Makroästhetik eines *ästhetischen Zustandes*" (18/56) bezeichnet wird, direkt proportional zur Ordnung (den „ordnungsbestimmenden Faktoren O") einer Gestalt und indirekt proportional zu deren Komplexität (den „erzeugungsbestimmenden Faktoren C"): $M = O/C$.

Birkhoff verstand unter „Komplexität" die „Gesamtheit der Merkmale des wahrgenommenen Objekts" (17/22), z.B. die Anzahl der Töne einer Melodie oder die Anzahl der Silben in einem Gedicht etc.; und unter „Ordnung" das Vorhandensein gewisser Regeln in einem Objekt, z.B. von Reimen in der Lyrik oder von Symmetrie bei grafischen Formen. Das „Gefühl der Freude" resultiert aus der Entdeckung solcher Regeln und kompensiert die geistige Arbeit, die notwendig wäre, um das Objekt in seiner ganzen Komplexität zu erfassen.

Da die Komplexität von Birkhoffs Untersuchungen und Messungen jeglicher Art von Gestalten – Polygone, geometrische Netze, Vasenformen, Lyrik, Musikkompositionen etc. – immens ist, kann die Anstrengung, sich intensiver damit zu befassen, niemals durch die Freude belohnt werden, die Grundparameter von Birkhoffs Definitionsordnung zu durchschauen. Die Kriterien sowohl für die Komplexität als auch für die Ordnung sind von ihm tatsächlich in einem derart undurchsichtigen System festgelegt worden, dass die Annäherung an die Ästhetik letztlich eher Birkhoff-subjektiv als Gestalt-objektiv ist. Um nur einige Wertungen als Beispiel anzuführen: Das ästhetische Maß eines Quadrats ist 1,50; das eines gleichseitigen Dreiecks 1,16, das eines obszönen Polygons 0,75 und das des Hakenkreuzes 0,25. (17/35)

Sollten sich Zweifel an der Nützlichkeit dieser Theorien regen, möge man Bense vertrauen: „Nur eine solche rational-empirische, objektiv-materiale Ästhetikkonzeption kann das allgemeine spekulative Kunstgeschwätz der Kritik beseitigen ..." (18/8)

Die „informationstheoretische Ästhetik" von M. Bense, A. A. Moles und anderen entpuppt sich als Synthese aus Ehrenfels' „Gestalt", fixiert am Objekt der Wahrnehmung, Birkhoffs „ästhetischem Maß", in einem Grad perfektioniert, wie es von Lissitzkys „Proun"-Formel niemals erreicht würde, weiters aus Szilárds „Wissen", hier zur „Entropie" verwandelt, sowie aus ein paar kybernetischen Informationen, die aber als „Redundanz" abgetan werden.

was aware of this problem, but thought it need not be solved within his cosmology. (2/129)

However, once objectified, Gestalt enters into a beauty competition. Strict judges classify it in the name of scientific objectiveness and calculate its "aesthetic measure", using increasingly complicated magic formulas.

The basic law, which was stated by G.D.Birkhoff in 1929 (17/25), is a simple metaphysical axiom. Accordingly, the "aesthetic measure", called by M.Bense sometimes "the Gestalt measure M_A of the macro-aesthetic state" (18/56), is directly proportional to the "order" of a Gestalt and indirectly proportional to its "complexity": $M = O/C$.

Birkhoff understood "complexity" as "the totality of the characteristics of a perceived object" (17/22), e.g. the number of tones in a melody or sylables in a poem, etc.; and "order" as the presence of some regularities in the object, e.g. the rhymes in poetry or the symmetry of graphic figures. The "feeling of pleasure" results from the discovery of such regularities and compenses the mental labour which was necessary to perceive the object in its whole complexity.

As the complexity of Birkhoff's research and measurement of all kinds of Gestalten - polygons, geometrical nets, forms of vases, lyric poetry, music compositions, etc. - is immense, the effort needed to deal with it for much longer could never be rewarded by the pleasure of finding out Birkhoff's general principle of defining order. The criteria for both complexity and order were in fact laid down by himself in an arbitrary way, so that this approach to aesthetics is finally more Birkhoff-subjective than Gestalt-objective. Just a few values by way of example: the aesthetic measure of a square is 1,50; that of an aquilateral triangle 1,16; that of the obscene polygon 0,75; and that of the swastika 0,25. (17/35)

If we feel any doubt as to the usefulness of these theories, let us rely on Bense: "Only such a rationally empirical, objectively material conception of aesthetics can do away with the common speculative art-chatter of the critics." (18/8)

The "Information Theoretical Aesthetics" of M.Bense, A.A.Moles, and others appears as a synthesis of Ehrenfels's "Gestalt" remaining fixed on the object of perception, Birkhoff's "aesthetic measure" perfectioned to a degree which could never be reached by Lissitzky's "Proun" formula, further Szilard's "knowledge" converted here into "entropy", and some cybernetic information condemned to "redundancy".

Dies alles wird von ziemlich vielen leeren Worten über „Kommunikation" begleitet, deren Sinnhaftigkeit noch nicht überprüft werden kann. Die Ästhetik wird auf ein Problem mehr oder minder wahrscheinlicher Kombinationen von Elementen reduziert, die Teile eines bestimmten Repertoires sind.

Indem Bense zwischen „Makroästhetik" und „Mikroästhetik" unterscheidet, definiert er Gestalt makroästhetisch ... als Figur des Randes oder als Berandung unter Vernachlässigung der ‚inneren Punkte'. Mikroästhetisch sind jedoch auch diese relevant." (18/53)

Der „makroästhetische Zustand von Gestalt" wird durch Birkhoffs Formel, die von S. Maser verbessert worden ist, gemessen (18/51):

$$M_{\ddot{A}} = \frac{1}{m} \sum_{n=1}^{m} \frac{\sum_{i=1}^{n_i} E_{ij}}{n_i C_i} \quad \text{birk}$$

In der Formel für die Berechnung des „mikroästhetischen Maßes" wird der Begriff „Ordnung" durch „statistische Redundanz, R" und „Komplexität" durch „statistische Information, H" ersetzt (18/56; 17/140):

$$M_{\ddot{a}} = \frac{R}{H}$$

wobei für H gilt: $H_i = \sum_{i=1}^{H} p_i \, ld \, \frac{1}{p_i}$

und für R: $R = \frac{H_{max} - H_i}{H_{max}}$

Bense selbst hat diese Methode auf die Berechnung des mikroästhetischen Maßes der Zeichnungen von Rembrandt angewandt (Appendix I). Zweifellos kann sie auch im Bereich der Architektur eingesetzt werden: „Mathematische Ästhetik dient der generativen und damit der konstruktiven Ästhetik *ästhetischer Umwelt* als Grundlage. Das rechtfertigt ihr Auftreten und ihre Notwendigkeit in der modernen Lebenswelt. Nur antizipierbare Welten sind programmierbar, nur programmierbare sind konstruierbar und human bewohnbar." (18/72)

Man könnte darüber diskutieren, ob „generative Ästhetik", die sich mit computergenerierter Zufallsproduktion befasst, auf Umweltgestaltung konstruktiv anwendbar ist und ob programmierte Welten – und zwar nur diese – human sind. Aber das würde einer Theorie, die Bedeutung a priori zurückweist, zu viel an Bedeutung beimessen. Die Reduktion der Architektur auf statische Probleme erscheint vernünftiger als der Versuch, „Welten" durch den unkontrollierten Einsatz der „Leibniz'schen Reduktion" zu errichten.

Es gibt natürlich noch mehr Theorien, Gestalt unter Einbeziehung von Mathematik zu objektivieren, z.B. die „harmonische Theorie", die Architektur nach euphonischen musikalischen Intervallen errechnet und versichert, dass nur eine Stiege mit der Charakteristik einer Oktave, d.h. im Verhältnis 2:1, schön „klingt". Würde man sich solchen Regeln unterwerfen, hätte man den Vorteil, auf dem Klavier ein Haus-Stück spielen zu können.

This is all surrounded by many words about "communication", the meaningful content of which cannot yet be taken into consideration. Aesthetics is reduced here to a problem of more or less probable combinations of elements which are parts of a certain repertoire.

As Bense distinguishes between "macroaesthetics" and "microaesthetics", he defines Gestalt "macroaesthetically as a figure at the edge or as a delimitation neglecting the 'internal points'. But these too are microaesthetically relevant." (18/53)

The "macroaesthetic state of Gestalt" is measured by Birkhoff's formula which was improved by S.Maser (18/51):

$$M_{\text{Ä}} = \frac{1}{m} \sum_{n=1}^{m} \frac{\sum_{i=1}^{n_i} E_{ij}}{n_i C_i} \text{ birk}$$

In the formula for the "microaesthetic measure of selection," "order" is replaced by "statistical redundancy; R " and "complexity" by "statistical information; H " (18/56; 17/140):

$$M_{\text{ä}} = \frac{R}{H}$$

whereby for H: $H_i = \sum_{i=1}^{H} p_i \, ld \, \frac{1}{p_i}$

and for R: $R = \frac{H_{max} - H_i}{H_{max}}$

Bense himself applied this method to the calculation of the microaesthetic measure of Rembrandt's drawings. (App.I) There is no doubt that it can be used in the domain of architecture too: "Mathematical aesthetics serves as basis for the generative and thus the constructive aesthetics of aesthetic environment. This justifies its appearance and its necessity in the modern world of life. Only anticipable worlds are programable, only programable ones are constructable and humanly habitable." (18/72)

It could be argued whether "generative aesthetics", which is concerned with computer production of coincidence, is constructively applicable to environmental design, and whether programmed worlds - and only these - are humane. But it would give to much meaning to a theory which a priori rejects meaning. The reduction of architecture to a problem of statics seems to be more reasonable than the attempt to build up "worlds" by means of uncontrolled use of "Leibniz's reduction".

There are, of course, more theories objectifying Gestalt and involving mathematics, e.g. the "harmonical theory" which calculates architecture in accordance with euphonic musical intervals, and which ascertains that only a stair with the characteristic of octave, i.e. the proportion 2 : 1 , "sounds" nicely. The advantage

Jegliche wissenschaftliche Aktivität im Umfeld der unverrückbaren ästhetischen Werte hat zweifellos auch einen sozialen Aspekt: Es ist ein Spiel, das – manchmal langweilig, manchmal lustig – auch nicht mehr kostet als andere Spiele. (Im heutigen Albion dürfte es nicht besonders fashionable sein. Vielleicht wird Croquet als Ersatz dafür gespielt.) Eine solche Ästhetik hat mit Sicherheit etwas mit Kunst zu tun: Es ist eine künstliche Wissenschaft, die kunstvoll ihre eigene Grundlage und ihre eigenen Ziele verdunkelt. Wem dient sie? Keine Angst, nur sich selbst.

Egal, wir haben „exakt" nichts gegen Mathematik und wir haben „absolut" nichts gegen Metaphysik, die vorgibt, Positivismus zu sein, denn wir haben noch mehr absolut nichts gegen Pataphysik. Wenn es etwas wirklich Absolutes gibt, können wir nur sicher sein, dass es absolut schwarz ist.

Deshalb können wir Paul Feyerabend leider nicht zustimmen, dass „Cliquen von intellektuellen Parasiten" und ihre „miserablen Projekte" nicht unterstützt werden sollten (16/17), da diese ebenfalls, „wenn auch nur ein wenig" (10/196) zum wirklich objektiven Wissen beitragen.

Sie könnten uns beispielsweise erklären, ob der quadratische Grundriss einer Schachtel schöner ist als ein hexagonaler. Das wäre dann „Makroästhetik". Oder sie könnten uns erklären, welche Anordnung von Spaghetti und Makkaroni in einer Schachtel am meisten überrascht. Das wäre „Mikroästhetik". (Abb. 4)

Sollen wir dem folgen und die „offene" Gestalt durch eine „absolut objektivierte" ersetzen?

of adhering to such rules is that one can play a piece of house on the piano.

All scientific activity around the immovable aesthetic value certainly has a social aspect too: it is a round-game, sometimes boring, sometimes humorous, not really more expensive than other games. (In today's Albion it does not seem to be fashionable. Perhaps croquet is played as an Ersatz.) Such aesthetics certainly also has something to do with art: it is an artificial science darkening artfully its own basis and objectives. Whom does it serve? No fear, just itself.

Anyway, we have "exactly" nothing against mathematics, and we we have "absolutely" nothing against metaphysics which pretends to be positivism, because we have even more absolutely nothing against pataphysics. If there is something really absolute, we can only be sure it is absolutely black.

Thus we are afraid we cannot agree with Paul Feyerabend that "cliques of intellectual parasites" with their "miserable projects" should not be subsidized (16/17), because they too contribute, "if only a little" (10/196), to the really objective knowledge.

They could, for example, tell us whether a square ground-plan of a box is more beautiful than a hexagonal one. This would be "macro-aesthetics". Or they could tell us which arrangement of spaghetti and macaroni in the box is most surprising. This would be "micro-aesthetics". (Fig.4)

Shall we follow and replace the "open" Gestalt by an "absolutely objectified" one?

DIE PLATZSPARENDSTE VERPACKUNG VON SPAGHETTI UND MAKKARONI
Abbildung 4: Alltagsdesign als ein mathematisches Problem (J.T. 1973)

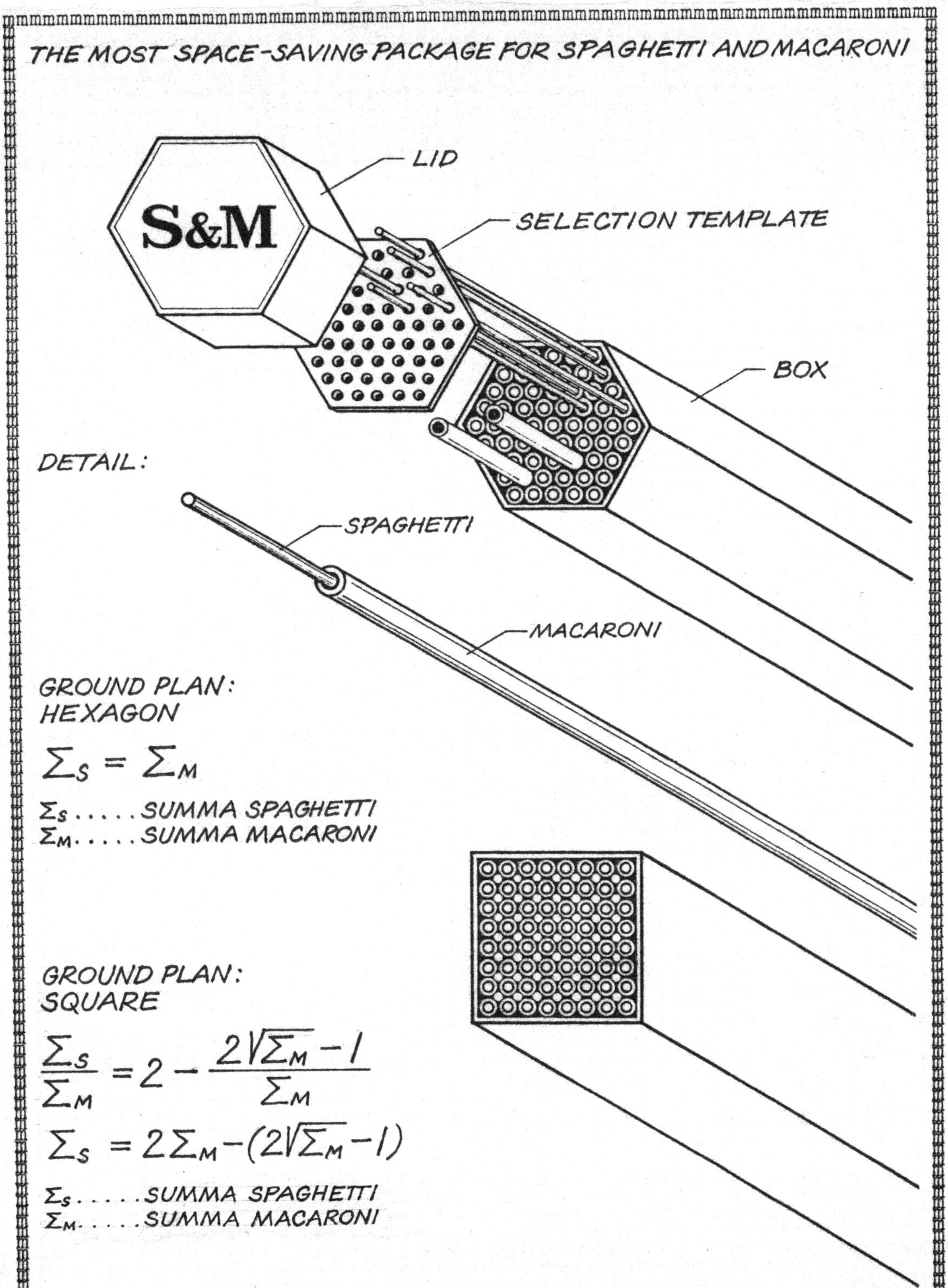

THE MOST SPACE-SAVING PACKAGE FOR SPAGHETTI AND MACARONI

- LID
- SELECTION TEMPLATE
- BOX

DETAIL:
- SPAGHETTI
- MACARONI

GROUND PLAN: HEXAGON

$$\Sigma_S = \Sigma_M$$

Σ_S ..... SUMMA SPAGHETTI
Σ_M ..... SUMMA MACARONI

GROUND PLAN: SQUARE

$$\frac{\Sigma_S}{\Sigma_M} = 2 - \frac{2\sqrt{\Sigma_M} - 1}{\Sigma_M}$$

$$\Sigma_S = 2\Sigma_M - (2\sqrt{\Sigma_M} - 1)$$

Σ_S ..... SUMMA SPAGHETTI
Σ_M ..... SUMMA MACARONI

Figure 4: Environmental Design as a Mathematical Problem (J.T.1973)

Magische Formeln II

DIE AUSGEBEUTETE & GEFESSELTE GESTALT

Manche Gestalten sind uns lieber als andere. Liegt das vielleicht an anderen Personen?

Irgendwer erkennt, dass sich Gestalten als unsere Ideen in Wirklichkeit auf Objekte beziehen, und bringt bestimmte Objekte in die Warenzirkulation. Jemand anderer erkennt das gleiche und entzieht bestimmte Objekte der Zirkulation. Keine Gestalt ist so abstrakt, dass sie nicht verkauft werden könnte. Keine Gestalt ist so harmlos, dass sie nicht gefährlich werden könnte. Die unerreichbare Gestalt – sei es nun die kostspielige oder die verbotene – wird zur schönsten Gestalt.

So wie der Kaufmann das magische Schild „neu" auf seine alten Hüte setzt, so erhält die ästhetische Gestalt als Handelsgut das Attribut „modern", „avantgardistisch", „innovativ" oder irgendein anderes attraktives Etikett. Man muss kein Marxist sein, um das Problem der Fortschrittlichkeit im Bereich der Kunst zu sehen. Popper beispielsweise sagt: „Die Theorie, daß die Kunst fortschreitet, mit den Künstlern als Vorhut oder Avantgarde, ist kein harmloser Mythos: Sie hat zur Bildung von Cliquen und Interessengruppen geführt, die mit ihren Propagandaapparaten beinahe an politische Parteien oder an religiöse Sekten erinnern. ... Der Ehrgeiz jedoch, ein Werk zu schreiben, das seiner Zeit voraus ist und das am besten nicht allzu bald verstanden wird – ein Werk, das möglichst viele Menschen vor den Kopf stoßen soll – hat nichts mit Kunst zu tun, obwohl viele Kunstkritiker diese Haltung unterstützen und verbreiten." (10/98–99)

Die Grundvoraussetzung für einen Konsumenten, unter die Räder dieses Neuheitenvehikels zu kommen, besteht darin, den eigenen Gestalten zu erlauben, sich auf bestimmte Objekte zu beziehen. Jeder, der glaubt, dass die Kunst dort ist, wo die Objekte sind, und dass sie mit diesen identifiziert werden kann, ist selbst für sein Unglück verantwortlich. Eine andere dogmatische Formel, die mit diesem Glauben zusammenhängt und von vielen Ästhetizisten propagiert wird, ist die Beteuerung, dass nur was in der Absicht Kunst zu produzieren gemacht wurde, auch als Kunst angesehen wird. Diese Art der ästhetischen Kommunikation wird von Informationstheoretikern in schön gezeichneten Diagrammen illustriert. Jeder, der Botschaften nur von ambitionierten und voll lizensierten Sendern erhält, wird sich wahrscheinlich niemals mehr der Ausdehnung des (Ersatz-)Äthers bewusst sein. Er ist schon von jenem anderen Äther, nach dem er gefragt hat, narkotisiert worden. Und dennoch ist das unter „Laisser-faire"-Bedingungen passiert.

THE ENGAGED & ENCAGED GESTALT

We like some Gestalten more than other Gestalten. Is this not perhaps caused by other persons?

Somebody realizes that Gestalten as our ideas in fact relate to objects and puts certain objects into circulation. Somebody else realizes the same thing and withdraws certain objects from circulation. No Gestalt can be so abstract that it cannot be sold. No Gestalt can be so harmless that it cannot be dangerous. The unattainable Gestalt - be it the expensive one or the prohibited one - becomes the most beautiful Gestalt.

In the same way as merchants put a magic label "new" on their old hats, the aesthetic Gestalt as a commodity receives the attribute "modern", "avantgardistic", "innovative", or just an attractive signature. One need not be a Marxist to see some problems of progressivism in art. Popper, for example, says: "The theory that art advances with the great artists in the van is not just a myth; it has led to the formation of cliques and pressure groups which, with their propaganda machines, almost resemble a political party or a church faction. ... But the ambition to write a work which is ahead of its time and which will preferably not be understood too soon - which will shock as many people as possible - has nothing to do with art, even though many art critics have fostered this attitude and popularized it." (10/71)

The first condition for a consumer to fall under the wheels of that novelty van is to allow one's own Gestalten to be attached to particular objects. Anyone who believes that art is where the objects are, and that it can be identified with them, has only himself to blame for his calamity. Another dogmatic formula - related to this belief and propagated by many aestheticists - is the assertion that only what has been made with the intention of producing art may be considered as art. This kind of aesthetic communication is illustrated in pretty schemas drawn by the information theoretists. Anyone who receives messages only from ambitioned and fully licensed transmitters will probably never be any more aware of the (Ersatz-) ether's extensiveness; he already has been narcotized by the other

Zweifellos war es vor allem das Verdienst der Marxisten, die Beziehung zwischen Kunst und Kommerz, Architektur und Ausbeutung, Ästhetik und Ideologie zu erhellen. Deshalb ist es nicht verwunderlich, dass auch sie die Idee hatten, die Gestalt für ihre eigenen Zwecke einzusetzen – im Namen einer anderen Art von Fortschritt.

Das Programm marxistischer Ästhetik umfasst nicht nur „ein systematisches Unternehmen zur Entmystifizierung und unermüdlichen ideologischen Analyse" der Gegenwart sowie eine Neubewertung, die „sich ziemlich unterscheidet von zusammenhanglosen und antiquierten Haltungen gegenüber einer leblosen Vergangenheit, die durch eine bourgeoise Historiografie bekräftigt wird", sondern auch „eine Vision davon, welche Rolle Kunst in einer von Grund auf gesunden Gesellschaft spielen sollte" und darüberhinaus „eine präskriptive Ästhetik, die Künstler und Schriftsteller selbst ermutigt, eine bestimmte Art von Kunst für einen speziellen politischen Zweck zu produzieren". (19/XI–XIII)

Die Rolle, die Kunst – inklusive Architektur – spielen kann und in der revolutionären Periode leidenschaftlich spielte, ist so bekannt wie das Faktum, dass dies ohne das Zutun einer präskriptiven Ästhetik geschah. Aber: „Wenn einmal die politische Macht konsolidiert und institutionalisiert ist, werden die Zwänge, die die Revolution abgeschafft hat, wieder eingesetzt und sie werden in der Tat rigoroser denn je sein, da sich die politischen Kräfte bedroht fühlen von der schieren Möglichkeit, dass die revolutionäre Glut, die sie hervorgebracht haben, weiterbestehen könnte." (19/116) Deshalb muss die „offene" Gestalt, die das Bewusstsein geöffnet und die Strukturen der Weltanschauungen umgemodelt hat, nun geschlossen werden. Alle Gestalten sind dazu verurteilt, Teil einer totalen Gestalt zu werden, um eine prädeterminierte Weltanschauung zu formen.

Doch es ist schwierig, eine gefesselte Gestalt wirken zu lassen, und mühsam, ästhetische Phänomene zu kontrollieren, besonders so abstrakte wie Musik. (Resonanz ist ein Verhängnis für starre Strukturen; erinnern wir uns an die Ersatzrolle, die der Jazz in diesem Jahrhundert einige Male gespielt hat.) Deshalb muss jegliche Kunst deskriptiv sein, einen literarischen Inhalt haben, um wirklich realsozialistisch zu werden. „Marxistische Autoren, die über Ästhetik schreiben, fühlen sich nur im Bereich der Literatur wirklich wohl: In diesem Feld ist es leicht, harte und schnelle Aussagen zu machen und eine straffe Diktatur über subjektive Angelegenheiten zu stülpen" (19/21), sagt Henri Arvon, selbst Autor einer marxistischen Ästhetik und „den grundlegenden Zielen des Marxismus positiv gesonnen" (19/XXIII), wenn er das Schicksal des kulturellen und intellektuellen Pluralismus der frühen sowjetischen Periode kommentiert.

kind of ether which he asked for. Nevertheless, it has happened under "laissez faire" conditions.

No doubt it was a merit mainly of Marxists to illuminate the connections between art and business, architecture and exploitation, aesthetics and ideology. It is therefore not surprising that they too got the idea of letting the Gestalt work for their own ends - in the name of another sort of progressiveness.

The programme of Marxist aesthetics includes not only "a systematical enterprise of demystification and of tireless ideological analysis" of the present, and a re-evaluting research "quite different from the detached and antiquarian attitude toward a dead past which is encouraged by bourgeois historiography", but also "some vision of the role art ought to play in a genuinely healthy society", and moreover "a prescriptive kind of esthetic, one which encourages the artists and writers themselves to produce a particular type of art for a particular political purpose". (19/xi-xiii)

The role which art - including architecture - can play and effectively played in a revolutionary period is as well known as the fact that it happened without the need for any prescriptive aesthetics. But: "Once political power is consolidated and institutionalized, the constraints that revolution had abolished are restored, and in fact become more rigorous than ever, for the political powers that be feel threatened by the very possibility that the revolutionary fervor that spawned them may continue." (19/116) Therefore the "open" Gestalt, which opened the minds and remodeled the structures of Weltanschauungen, is now to be closed. All Gestalten are destined to be parts of a total Gestalt, to build up a predetermined Weltanschauung.

But it is difficult to let a fettered Gestalt serve, and it is hard to control aesthetic phenomena, particularly such abstract ones as music. (Resonance is a disaster for rigid structures; we may recall the Ersatz score played by jazz several times in this century.) Thus all art has to be descriptive, to have a literary content, to become socialist realistic. "Marxist writers on esthetics are really comfortable only in the field of literature: in this domain it is easy to make hard and fast pronouncements and to establish a firm dictatorship over subject matter" (19/21), says Henri Arvon, himself writer on Marxist aesthetics and "sympathetic to the basic aims of Marxism itself" (19/xxiii), commenting the fate of the cultural and intellectual pluralism of the early Soviet period.

Die theoretische Konfusion in Hegels Problem von „Form und Inhalt" hat auch das Regelwerk des sozialistischen Realismus in die architektonische Praxis gebracht. Es wäre eine Verfälschung historischer Tatsachen zu behaupten, dass der sowjetische architektonische „Potemkinismus" nur durch Direktiven der Partei zugrunde gerichtet worden sei. Dafür gab es auch schwerwiegende ökonomische und andere Gründe. Doch andererseits konnte das Schicksal der Architektur in diesem historischen Kontext schwerlich ein anderes sein als das der übrigen Künste.

Natürlich ist es etwas anderes, wenn heute die stalinistische Architektur wegen ihrer imaginativen Qualitäten ernsthaft geschätzt wird. Das ist nur ein weiterer Beweis der relativen Unabhängigkeit der Gestalt vom Objekt und vice versa. Die architektonische Hülle kann mit pragmatischen ästhetischen und ethischen Inhalten und vielleicht auch mit anderen Funktionen gefüllt werden; normalerweise wird sie sogar genau dafür geschaffen: als Realisierung einer Intention, die im weitesten Sinne des Wortes politisch ist. Aber ebenso leicht kann sie entleert werden – was unweigerlich rechtzeitig geschieht. Geschichte ist keine karitative Einrichtung, die Lösungen für bestimmte Probleme bereithält. Sie entweichen wie Gas aus ihren Gefäßen, wenn die Information (und die Sentimentalität als deren Ersatz) verloren geht. Auf diese Weise wird Architektur Teil der Natur, eine „offene" Ruine einer von irgendwem materialisierten Gestalt, offen für die Ideen von jemand anderem, die wiederum politische sein könnten. Nun ist sie zugänglich für eine kreative Interpretation bzw. eine „enthusiastische Missinterpretation der Vergangenheit", um es mit den Worten von Denise Scott Brown zu sagen.

Auch die architektonische Gestalt bleibt unbestimmbar und kann nicht geschlossen werden, weder heute noch morgen. Dies ist zweifellos dem Faktum geschuldet, dass die Gesellschaft nicht völlig geschlossen werden kann. Die totalitärste Gesellschaft ist lediglich weniger offen als eine demokratische, und es wird innerhalb dieser immer auch unterschiedliche Meinungen geben – und daher mehr oder weniger unterschiedliche Gestalten, die auf dem gleichen Objekt basieren.

Aber der tragische Zug determinieren zu wollen, ist wesentlich für die Architektur und ihre Geschichte, für diesen leidenschaftlichen Kampf um Probleme, Ideen, Entscheidungen und deren Realisierung; für diese ängstliche Sehnsucht nach einer perfekten Materialisierung der Gestalt; für diese zwecklose Hoffnung auf ewigen Bestand der Objekte und der in ihnen materialisierten Gestalt.

Nichts anderes als die Architektur kann besser als Metapher für eine Gesellschaft herhalten, die verzweifelt versucht, ihren Idealzustand zu finden. Und für beides gibt es genügend Metaphern in den architektonischen Details selbst. Zum Beispiel ist es unmöglich, das formale Problem der ionischen Volute an einer Ecksäule zu lösen, aber irgendwie muss es getan werden.

The theoretical confusion in the Hegelian problem of "form and content" also brought the order of Socialist Realism into architectural practice. It would be a distortion of historical facts to say that Soviet architectural "Potemkin" was wrecked only by party decrees. There were weighty economic and other reasons too. But, on the other hand, the fate of architecture could hardly be different from that of other arts in this historical context.

It is, of course, another matter that Stalinistic architecture can be genuinely appreciated for its imaginative qualities nowadays. This is but further proof of Gestalt's relative independency of objects, and vice versa. The architectural shell can be filled with the content of pragmatic, aesthetic, ethic, and maybe other functions; it is usually even constructed for all of them as a realization of an intention which is political in the widest sense of the word. But it can be emptied just as easily - this inevitably happens in time. History is not a charitable institution harbouring contents as prepared problems in solution. They evaporate from their vessels like entropic gas by loss of information (and of sentimentality as its Ersatz). Thus architecture becomes a part of nature, an "open" ruin of someone's materialized Gestalt, open to the ideas of another which might be political ideas again. It is now accessible to a creative interpretation or an "enthusiastic misinterpretation of the past", to use Denise Scott Brown's words.

The architectural Gestalt too remains indeterminable and cannot be closed either for the future or for the present. This certainly relates to the fact that society cannot be closed entirely. The most totalitarian society is just less open than a democratic one, but there will always be different opinions within it too - and thus more or less different Gestalten based on the same objects.

But the tragic volition to determine is even very essential to architecture and its history, to that passionate struggle with problems, ideas, decisions, and their realization; to that anxious desire to materialize a Gestalt in a perfect way; to that futile hope in the eternal durability of the object and of the Gestalt materialized in it.

Nothing can be a better metaphor for society trying desperately to find its ideal arrangement than architecture. And there are enough metaphors for both in the architectural pieces themselves. E.g. it is impossible to solve the formal problem of the ionic volute at a corner column, but somehow it has to be done. It is

Ein ähnlich aussichtsloser Kampf ist es, wenn man eine Säule mit Ölfarbe anstreicht – wie das oft in England zu sehen ist – und dann hofft, dass damit das Problem eine vollkommen glatte Oberfläche zu schaffen gelöst ist; sie glänzt, aber auf einem Quadratzentimeter finden sich so viele kleine Unebenheiten, dass man – besonders in England – an die Notwendigkeit des Zufalls zu glauben beginnt und diesen letztlich mehr liebt als die Gestalt an sich.

Auch das ist eine Kausalbeziehung im weitesten Sinne des Wortes. Jedenfalls war die fieberhafte Suche nach der spezifisch sozialistischen Gestalt offensichtlich eine Konsequenz des generellen marxistischen Glaubens an Kausalität und der simplifizierenden – daraus abgeleiteten – These, dass Kunst und Architektur bloße Spiegelungen der sozialen, ökonomischen und politischen Situation seien. Und dann wäre es unlogisch, z.B. von „bourgeoiser Kultur" zu sprechen und nicht zugleich anzuerkennen, dass es einen anderen ästhetischen Ausdruck für eine angeblich komplett neue Gesellschaft geben müsse.

Eine gängige Lösung dieses Dilemmas besteht darin zu sagen, dass es mehrere Jahrzehnte brauche, um eine neue Kultur zu schaffen. Eine vernünftigere Methode ist es, die präskriptive Ästhetik aufzugeben, eine neue Bewertung der Vergangenheit anzustreben und mit Leo Trotzki zuzugeben, dass es so etwas wie einen „internen Diskurs" in der Kunst geben mag: „Es ist wahr, dass ein Kunstwerk niemals auf der Basis marxistischer Prinzipien beurteilt, für gut befunden oder abgelehnt werden sollte. Die Werke künstlerischen Schaffens müssen in erster Linie auf Basis ihrer eigenen Gesetzlichkeit bewertet werden, das heißt nach den Gesetzen der Kunst. Aber nur der Marxismus ist in der Lage zu erklären, warum und wie eine bestimmte Kunstrichtung zu einer bestimmten Zeit entstanden ist – also Ursprung und Grund für genau diese und keine andere Richtung." (19/18/a)

Die Attraktivität des Marxismus liegt ja gerade in seinem Angebot, einfache Erklärungen für alle gesellschaftlichen Erscheinungen zu bieten; sein Problem bleibt aber, dass diese nicht so einfach erklärt werden können – am wenigsten vielleicht die ästhetischen Phänomene. Marx selbst konnte nicht begreifen, wie es möglich war, dass er die griechische Kunst liebte, wiewohl sie das Produkt eines gesellschaftlichen Systems war, das er ablehnte. (Appendix II) Dies hielt ihn aber nicht davon ab, die Grundlagen für eine bestimmte Hermeneutik zu schaffen, die historisch erfolgreich war und selbst offen blieb für weitere Interpretationen. Eine solche Offenheit wird z.B. durch Roger Garaudy bestätigt, der in der Konzeption der Ästhetik den „Prüfstein der Interpretation des Marxismus" (19/2) sah, und sie kann noch erweitert werden, wenn man Marx als strukturalistischen Pionier begreift, der Louis Althusser und „seine mutigen Genossen" antizipiert hat. (7/206)

similarly a losing battle to paint a column with an oil varnish - as can often be seen in England - and to hope to solve the practical problem of making it perfectly smooth; it shines, but in a square-inch there are so many incidents that - particularly in England - one can begin to believe in the necessity of the accidental and to love it more than the Gestalt itself.

This too is a kind of causal relation in the widest sense of the word. However, the feverish search for a specific socialist Gestalt was apparently a consequence of the general Marxist belief in causality and of the simplistic thesis - derived therefrom - that art and architecture are mere reflections of a social, economic, and political situation. Then it would be illogical to speak e.g. of a "bourgeois culture" and not to acknowledge that there should be a different aesthetic expression for a supposedly completely new society.

One of the usual solutions to this dilemma is to say that it takes a period of several decades to create a new culture. A more reasonable method is probably to abandon prescriptive aesthetics, to take aim at a re-evalution of the past, and to admit that there may also be something like an "internal discourse" within the arts, as Leon Trotsky did: "It is quite true that a work of art should never be judged, accepted, or rejected on the basis of Marxist principles. The products of artistic creation must be evaluated first and foremost on the basis of their own laws, that is to say the laws of art. But only Marxism is capable of explaining why and how a certain orientation of art came about at a certain period, that is to say the origin and the reason for such an orientation and not some other." (19/18/a)

The attractiveness of Marxism lies precisely in its offer to deliver simple explanations for all social phenomena; its problem remains that these cannot be very simply explained - at least perhaps aesthetic phenomena. Marx himself could not comprehend how it was possible that he could like Greek art, though it was apparently the product of a social system which he negated. (App.II) But this did not stop him from laying the foundations of a sort of hermeneutics which has been historically successful and which itself will stay open for further interpretations. Such an openness is confirmed e.g. by Roger Garaudy, who sees the conception of aesthetics as "the touchstone of the interpretation of Marxism" (19/2), and can be widened so far as to declare Marx a structuralistic pioneer anticipating Louis Althusser and "his courageous comrades" (7/206).

Wir dürfen uns also nicht über die verschiedenen Wege zum Marxismus und über eine „Mehrdeutigkeit marxistischer Ästhetik, die einmal als bloße Methode der Erklärung, dann wieder als eine normative Doktrin mit klaren und festen Regeln erscheint" (19/18/b), wundern. „Darin liegt ja das Wesen des dialektischen Denkens, dass wir es nicht mit einem statischen logischen System zu tun haben, in dem irgendwelche abstrakten Positionen mit einer gewissen Endgültigkeit aus dem Nichts herausgearbeitet werden können, sondern eher mit einer Lehre vom Konkreten, wo jedes einzelne Problem im Licht der einmaligen historischen Situation, aus der es entsteht, beurteilt werden muss." (19/XIV–XV)

Selbst der Gebrauch der Dialektik ermöglicht es dem zeitgenössischen theoretischen Marxismus, in der Offenheit seiner Politik und damit in der Offenheit seiner Ästhetik einen Vorteil zu sehen. H. Arvon sagt: „Marxistische Ästhetik bleibt umso eher offen für einen absoluten und sich stets verändernden Einsatz der Dialektik, als sie einer der wenigen Bereiche der marxistischen Doktrin ist, der nicht unter dem Gewicht eines rigiden Dogmas, das ein für allemal aufgestellt und seinen Verfechtern in einer fast rituellen Litanei von magischen Formeln eingehämmert wurde, gebrochen und zermalmt worden ist." (19/2–3) Folglich setzt dialektisches Denken auch eine gewisse Offenheit der Gestalt voraus: „Weit davon entfernt, das Kunstwerk in eine definitive Form, ein definitives Muster zu pressen, betrachtet die Dialektik jedes Kunstwerk als unfertig ..." (19/115)

Aber der Verzicht auf die Anstrengung, die Gestalt festzulegen, kann den Versuch, sie gänzlich zu verdammen bzw. sie total abzulehnen, nach sich ziehen. Manfredo Tafuri schreibt eine überzeugende Abhandlung über den „gesamten Zyklus der modernen Architektur" als Ergebnis der bürgerlichen figurativen Kultur, die versucht, „mittels einer immer unzeitgemäßeren Ideologie Ungleichgewichte, Widersprüche und Ungleichzeitigkeiten, die für die kapitalistische Reorganisation des Weltmarktes und der kapitalistischen Produktion typisch sind, zu lösen". (20/131) Aber auf der nächsten – fast schon letzten – Seite proklamiert er „eine einfache Wahrheit", nämlich, dass es „keine Ästhetik, keine Kunst, keine Architektur der Arbeiterklasse geben" kann, was bedeuten würde, dass es weder eine sozialistische noch eine „großbürgerliche" Kultur gibt, „sondern nur eine Kritik der Ästhetik, der Kunst, der Architektur ...". (20/132) Und so handelt es sich sicher nicht um eine endgültige Wahrheit, sondern nur um eine dialektische Volte und hat nichts darüber auszusagen, was in einer klassenlosen Gesellschaft geschieht bzw. geschehen hätte sollen.

Thus we must not be surprised by a variety of paths to Marxism and by an "ambiguity of Marxist esthetics, which appears at times to be merely a method of explanation and at other times to be a normative doctrine setting down hard and fast rules" (19/18/b). "It is, however, the very essence of dialectical thinking that we do not have to do with some static logical system, in which abstract positions can be worked out in the void with some kind of finality, but rather with a doctrine of the concrete, for which each problem must be re-evaluted in the light of the unique historical situation in which it arises." (19/xiv-xv)

Even the use of dialectics enables contemporary theoretical Marxism to see an advantage in the openness of its politics and thus in the openness of its aesthetics. H.Arvon says: "Marxist esthetics remains all the more open to a total and ever-changing application of dialectics in that it is one of the rare branches of Marxist doctrine not to have been crushed and smothered beneath the weight of rigid dogma established once and for all and drummed into its proponents by an almost ritualistic recitation of magic formulas." (19/2-3) Consequently, dialectical thinking also presupposes a certain openness of the Gestalt: "Far from freezing the work of art in a definite mold and a definite pattern, dialectics considers every work of art as unfinished ..." (19/115)

But the abandonment of the effort to fetter the Gestalt can be followed by an attempt to banish it or to reject it completely. Manfredo Tafuri writes a convincing volume about "the entire cycle of modern architecture" as a result of "the great bourgeois artistic culture" trying "to resolve, on the always more outdated level of ideology, the imbalances, contradictions, and retardations characteristic of the capitalist reorganization of the world market and productive development." (20/178) But on the next - almost last - page, he proclaims "a simple truth" that "there cannot be founded a class aesthetic, art, or architecture", which would mean that there can be neither a socialist culture nor that "great bourgeois" one, "but only a class criticism of the aesthetic, of art, of architecture ..." (20/179) It is thus certainly not a final truth, but only a dialectical change, and does not say anything about what happens - or has already had to happen - in a classless society.

However, we agree with another of Tafuri's statements: "First among the intellectual illusions to be done away with is that which, by means of the image alone, tries to anticipate the conditions of

Mit einer anderen Aussage Tafuris können wir aber übereinstimmen: „Viele Illusionen der Intellektuellen müssen endlich entlarvt werden, an erster Stelle aber der illusorische Versuch, mit der alleinigen Kraft des Bildes die Bedingungen einer Architektur ‚für eine befreite Gesellschaft' antizipieren zu wollen." (20/132) Doch eine solche Illusion ist eindeutig nur eine Verkehrung oder Vervollständigung einer anderen Illusion, die in „verzweifeltem Beharren" (20/132) von jenen Marxisten genährt wird, die behaupten, dass das Erscheinungsbild der Architektur lediglich ein Ausdruck „der Gesellschaft" sei. Sie sollten sich also auch nicht über eine intellektuelle Finte Robert Maxwells aufregen, wenn er die Bedeutung und Signifikanz der architektonischen Form betont und daraus schließt, dass „gerade ihre Fähigkeit, soziale Gegebenheiten zu reflektieren, es ihr ermöglicht auch den gesellschaftlichen Zweck auszudrücken …". (21/461) Freilich weiß Maxwell, dass die Form „lediglich in einer indirekten und höchst problematischen Weise" ein „Agent" sozialen Wandels sein kann. (21/461)

Die Diskussion darüber, was Architektur ausdrückt, versiegt nicht (und scheint mitunter selbst ein Ersatz für Architektur zu sein). Da die Diskutanten üblicherweise auf verschiedenen Ebenen des Problems aneinander vorbeireden, ist die Dialektik nur selten charakteristisch für diese Debatte, obwohl es oft genug Dialektik innerhalb der einzelnen Argumente selbst geben mag.

Nur sehr wenige, die zu dieser Debatte beitragen, nehmen eine so unzweideutige Position ein wie David Watkin in seinem Buch „Morality and Architecture". Ihm zufolge ist „Architektur eine Kunst mit eigener Tradition und keine Wissenschaft, weshalb ihr Bestreben Bilder zu kreieren letztlich nicht weniger ausgeprägt ist als jenes, praktische Probleme zu lösen". (22/12) Wir haben „den bilderkreierenden Genius des Individuums" (22/115) zu würdigen und sollten auf Architektur nicht immer „als eine Folge oder Manifestation von etwas anderem" (22/1), d.h. als „ein Produkt der ökonomischen, gesellschaftlichen und politischen Bedingungen, unter denen sie entstanden ist" (22/111), blicken. Jeder, der „sich mit der Zukunft beschäftigt", „der daran glaubt, dass es so etwas wie ein Wesen der Zeit gibt und dass der Common Sense wichtiger ist als seine individuellen Ausformungen", wird von Watkin als „Historistiker im präzisen Popper'schen Sinne" gebrandmarkt. (22/111)

Man könnte nun darüber diskutieren, ob Watkins Idee des „Historismus" genau seinem Modell entspricht und ob Popper dieser Argumentation voll zustimmen würde, wo dieser doch etwa schreibt: „Ich behaupte, daß die Theorie, die Kunst sei der Ausdruck der Persönlichkeit, trivial, verworren und nichtssagend ist – wenn auch nicht unbedingt schädlich, solange sie nicht ernst genommen wird. Wenn sie aber ernst genommen wird, so kann sie leicht zu egozentrischen Posen und zum Größenwahn führen." (10/97)

an architecture 'for a liberated society'." (20/179) But such an illusion is evidently only an inversion or completion of another illusion nourished with "care and insistence" (20/179) by those Marxist who maintain that the image of architecture is nothing more than an expression of "the society". They should not then be upset by an intellectual craft of Robert Maxwell: he underlines the importance and significance of architectural form and concludes that "its very capability of reflecting social facts makes it capable also of expressing social purpose ..." (21/461). Maxwell of course knows that form can be an "agent" of social change "only in an indirect and highly problematic way" (21/461).

The discussion about what architecture expresses does not cease (and seems sometimes to be an Ersatz for architecture itself). As the participants usually pass each other at different levels of the problem, dialectic is seldom a characteristic of this debate, though there may often be enough dialectics within the individual arguments themselves.

A very small number of contributors take such an unequivocal position as David Watkin in his book "Morality and Architecture". According to him, "architecture is an art with its own traditions, and not a science, so that its concern with image-making is at least no less vital than its solutions of practical problems". (22/12) We are to appreciate "the imaginative genius of the individual" (22/115) and not always to look at architecture as "a consequence or manifestation of something else" (22/1), i.e. as "a product of the economic, social, and political conditions under which it is created" (22/111). Anyone who is "preocuppied with future" and "believes that there is such a thing as the essence of an age, and that the common essence is more important than its individual manifestations", is branded by Watkin as a "historicist in precisely the Popperian sense". (22/111)

It could be argued whether Watkin's conception of "historicism" corresponds exactly to its model, and whether Popper would fully agree with this whole argument, as he writes e.g.: "My thesis is that the doctrine of art as self-expression is merely trivial, muddleheaded and empty - though not necessarily vicious, unless taken seriously, when it may easily lead to self-centred attitudes and megalomania." (10/70)

When Watkin defeats the "belief that architecture as an art involving taste, imagination, and scholarship should finally be

Indem Watkin den „Glauben" bekämpft, „dass Architektur als Kunst, die Geschmack, Imagination und Gelehrsamkeit umfasst, letztlich verworfen und durch eine wissenschaftlich geprägte Utopie ersetzt werden sollte, in der der kollektivistisch gezähmte Mensch mit all seinen durch Technologie definierten Wünschen und ruhiggestellt durch computerisierte Planung zufrieden seinen zugewiesenen Platz in einem gigantischen, rationalistisch errichteten Bienenstock einnimmt" (22/12), erscheinen beide Standpunkte eher als eine Konfrontation zweier Arten von Romantizismus, die einen realistischen Blick auf die Gegenwart ausblenden.

Jeder, der schon einmal versucht hat, Architektur zu praktizieren, hat eine Vorstellung davon, wie die Situation in diesem Beruf heute ist. Er weiß, wie wenig es auf die akademische Exzellenz eines Architekten ankommt und wie eng der Spielraum für seine Entscheidungsfindung ist. Er ist vertraut mit dem Lauf der aktuellen Architekturmaschinerie – mit der zumindest teilweisen Irrationalität seiner eigenen Entscheidungen ebenso wie mit jener von „externen Nebenbedingungen", die oft nichts weiter als willkürliche Entscheidungen von irgendwem sind. Natürlich gibt es grundlegende Gesetze in diesem Bienenstock-Management, wie sie z.B. C. Northcote Parkinson entdeckt hat. Und es gibt mit Sicherheit strikte Determinanten für das Verhältnis von Architektur und Gesellschaft, wie sie z.B. bereits Friedrich Engels aufgezeigt hat.

In diesem Sinne reflektiert Architektur das Leben mit all seiner Großartigkeit, Absurdität und seinen Widersprüchen; den Kampf des Menschen mit der Natur, den Kampf der Vernunft mit sich selbst, ja selbst den Klassenkampf. Sie ist Ausdruck von Weisheit und Dummheit, Armut und Reichtum, Individuum und Gesellschaft, Epochen und Ungereimtheiten, Folgen und Verlusten und so weiter.

Aber Architektur kann aus sich selbst heraus nichts erklären, sie muss interpretiert werden. Wir können sie mehr oder weniger objektiv interpretieren, doch indem wir das tun, müssen wir uns immer auf irgendwelche Ideen oder Modelle berufen. Freilich, jede Idee, jedes Modell vereinfacht, generalisiert, abstrahiert. Deshalb erscheint es angemessen, verschiedene Modelle für unterschiedliche Fälle oder sogar für einen einzigen Fall heranzuziehen. Der Marxismus beispielsweise bietet gewiss ein legitimes und kraftvolles Interpretationsmodell, so lange es nicht Totalität beansprucht.

So wäre es dumm, z.B. die Existenz von Slums als bloßen Unglücksfall zu bezeichnen oder die Farbe einer Zahnbürste als Ausdruck historischer Notwendigkeit. Doch eine Interpretation wird dann umso problematischer, wenn wir versuchen, Fakten wie z.B. die Einführung des Sozialistischen Realismus in die Architektur zu erklären. Einerseits muss es ein einzelnes zufälliges Individuum gegeben haben, das diese Idee hatte; wahrscheinlich war es – wie immer – Marcel Duchamp. Andererseits konnte dies nicht – nicht einmal als Erfindung – außerhalb der byzantinischen Kultur geschehen, was dem Phänomen eine gewisse Zwangsläufigkeit verleiht.

abolished and replaced by a scientifically plotted Utopia in which tamed collectivist man with all his wants defined by technology and gratified by computerized planning would contentedly take his apportioned place in some gigantic rationalistically constructed beehive" (22/12), then it appears rather as a confrontation of two kinds of romanticism omitting a realistic view of the present.

Everybody who has tried to practice architecture for a time has an idea of the situation in this profession nowadays. He knows how little depends upon the academic excellence of an architect, and how narrow is the scope of his decision-making. He is also familiar with the gait of the existing architectural machinery - with at least the partial irrationality of his own decisions as well as that of the "external constraints" which are often nothing more than arbitrary decisions taken by other persons. Of course, there are some general lawfulnesses in this beehive management, e.g. those discovered by C.Northcote Parkinson. And there are certainly strong determinants of the relation between architecture and society, e.g. those already pointed out by Friedrich Engels.

Thus architecture reflects life with all its magnificence, absurdity, and contradictions; man's struggle with nature, the struggle of reason with itself, and even the class struggle. It expresses wisdom and imbecility, poverty and wealth, individuals and society, epochs and inconsistencies, causalities and casualities, and so on.

But architecture does not explain anything by itself; it must be interpreted. We can interpret it more or less objectively, but in doing so we always use some concepts or models. Each of them is of course simplifying, generalizing, abstracting. Therefore it appears appropriate to use various models for different cases, or even for one case. Marxism, for example, is surely a legitimate and powerful interpretative concept, as long as it does not lay claims to totality.

It would be foolish to interpret e.g. the existence of slums just as an accident, or to explain e.g. the colour of a toothbrush in terms of historical necessity. But an interpretation becomes a more problematic matter when we try to elucidate such facts as e.g. the introduction of Socialist Realism into architecture. On the one hand, there had to be a single accidental individuum which had this idea; it was probably - as ever - Marcel Duchamp. On the other hand, it could not happen - even as an invention - outside the Byzantian

Darüber hinaus ist es ein Beispiel dafür, wie ein und dieselbe Form ein Symptom von gegensätzlichen gesellschaftlichen, ökonomischen und politischen Realitäten sein kann, sodass jeglicher Versuch, die Zukunft aus architektonischen Zeichnungen abzulesen, als unqualifizierter Orakelspruch erscheint; die geben alles andere als eine gänzlich offene Gestalt vor.

Im Nachhinein ist es natürlich ziemlich einfach, Parallelen oder Verwandtschaften und Verbindungen zwischen all diesen Phänomenen auszumachen und bestimmte Phänomene durch andere zu erklären; wenn man das architektonische durch das gesellschaftliche erklären kann, warum nicht auch das gesellschaftliche durch das anthropologische, das anthropologische durch das biologische, das biologische durch das chemische, das chemische durch das physikalische, das physikalische durch das metaphysische, das metaphysische durch das pataphysische, das pataphysische durch das künstlerische, das künstlerische durch das gesellschaftliche, das gesellschaftliche durch … etc. Ein suprahermeneutischer Zirkel schließt sich, aber an jedem seiner Punkte geht etwas verloren – nennen wir es einen „Qualitätsschwund" oder einfach nur einen „historischen Zufall", z.B. jenen zwischen der chemischen und der biologischen Stufe.

Gewiss können interessante Aspekte aufgedeckt werden, indem z.B. Dada als eine kapitalistische Intrige interpretiert wird, und es wäre sehr amüsant, von einem Dadaisten denselben Verdacht über den Marxismus zu hören. Und deshalb werden wir immer mit verschiedenen Meinungen konfrontiert werden und möglicherweise in der Lage und berechtigt sein, aus verschiedenen Interpretationsmodellen zu wählen. Vielleicht würden wir ausgerechnet die Methode der Strukturalisten akzeptieren.

Es heißt, dass jeder Knopf de facto nur zwei Löcher hat, die schon da waren, bevor es den Knopf gab. Aber irgendwer versucht uns vier wunderschöne Löcher in dem höchst ornamentalen – wiewohl anscheinend ornamentlosen – Knopf zu verkaufen. Und jemand anderer erklärt uns, warum Knöpfe mit Ornamenten abgeschafft wurden oder wie man sich Knöpfe auf die rechte oder linke Art annäht. (Abb. 5)

Sollen wir dem folgen und die „offene" Gestalt durch eine „totalisierte" ersetzen?

culture; this gives the phenomenon a trait of necessity. Moreover, it is an example of how one and the same form can be a symptom of diametrically different social, economic, and political realities, so that any attempt to read the future from architectural drawings appears as an unqualified oracle; they suggest nothing apart from a fully open Gestalt.

Afterwards it is, of course, quite an easy matter to find out many parallels, affinities, and connections between all kinds of phenomena, and to expound certain phenomena through others: if the architectural through the social, then why not the social through the anthropological, the anthropological through the biological, the biological through the chemical, the chemical through the physical, the physical through the metaphysical, the metaphysical through the pataphysical, the pataphysical through the artistic, the artistic through the social, the social through ... etc. A suprahermeneutic circle closes itself, but at every point of it something gets lost - be it a "qualitative leap" or just a "historical accident", e.g. that between the chemical and the biological stage.

Certainly, interesting aspects can be discovered by interpreting e.g. Dada as a capitalist intrigue, and it can be amusing to hear from a Dadaist the same suspicion about Marxism. Thus we will probably be always confronted with various opinions, and possibly able and allowed to choose from various interpretative concepts. Maybe we will accept just the method of structuralists.

They tell us that every button has de facto only two holes which were already there before the button. But somebody tries to sell us four pretty holes in the most ornamental - though seemingly ornamentless - button. Somebody else explain to us why buttons with ornaments were abandoned, or how to sew on our buttons in the right or the left way. (Fig.5)

Shall we follow and replace the "open" Gestalt by a "totalized" one?

VARIABLE BEFESTIGUNG EINES VORFABRIZIERTEN ELEMENTS
Abbildung 5: Alltagsdesign als ein ideologisches Problem (J.T. 1971)

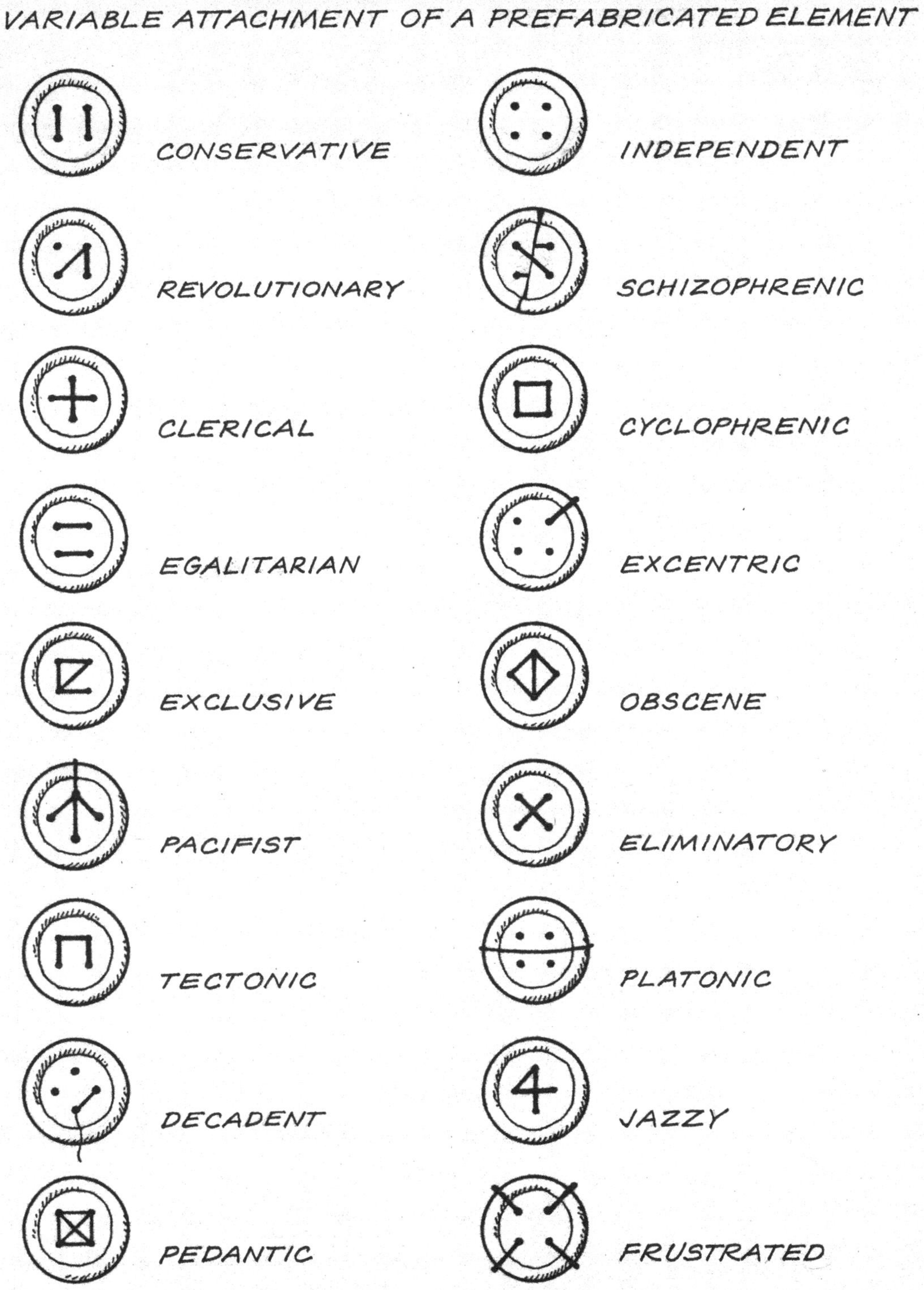

VARIABLE ATTACHMENT OF A PREFABRICATED ELEMENT

- CONSERVATIVE
- REVOLUTIONARY
- CLERICAL
- EGALITARIAN
- EXCLUSIVE
- PACIFIST
- TECTONIC
- DECADENT
- PEDANTIC

- INDEPENDENT
- SCHIZOPHRENIC
- CYCLOPHRENIC
- EXCENTRIC
- OBSCENE
- ELIMINATORY
- PLATONIC
- JAZZY
- FRUSTRATED

Figure 5: Environmental Design as an Ideological Problem (J.T.1971)

Magische Formeln III

DIE BELEBTE GESTALT

Manche Gestalten sind uns lieber als andere. Aber liegt das nicht letztlich an uns selbst?

Wir sind Gestalt im Sinne eines offenen Systems und tauschen Energie und Information mit der Umwelt aus. Wir nehmen Gestalten im Sinne der Gestaltpsychologie oder in einem anderen Sinn wahr. In jedem Fall kann die Wahrnehmung als eine Art Kommunikation oder als eine Interaktion zwischen einem Menschen – oder, selbstverständlich, auch einem wilden Tier – und seiner Umgebung gesehen werden. Das Wahrnehmen einer Gestalt ist ein selektiver Prozess, bei dem verschiedenen Sinnesreizen Bedeutung oder keinerlei Bedeutung zukommt. Dieser Vorgang basiert auf einem bestimmten Code und ist deshalb eine primäre Interpretation der empfangenen Sinnesdaten. Aus diesem Blickwinkel ist Gestalt nichts anderes als ein Zeichen – bzw. natürlich ein Superzeichen; nicht aufgrund der Überlegenheit eines Lebewesens, sondern aufgrund der Komplexität des Zeichens. Und plötzlich finden wir uns mitten in der Semiotik wieder, im Bereich anderer magischer Formeln.

Da es bereits viele Differenzen zwischen der Semiologie eines Ferdinand de Saussure und der Semiotik eines Charles Sanders Peirce gibt, ebenso wie zwischen den Konzepten ihrer Schüler, hat es die Wissenschaft von den Zeichen und ihrer Interpretation noch nie zu einer homogenen Theorie gebracht, sondern wurde eher selbst zu einem Gegenstand zahlreicher Interpretationen. Deshalb ist es eigentlich „signifikant", dass eine Vielzahl semiotischer Essays zuerst einmal erschöpfend die Grundbegriffe erklärt, die bisweilen fast synonym, dann wieder homonym sind. Wie Umberto Eco, einer der systematischsten zeitgenössischen Semiologen, sagt: „Aber keiner der gebrauchten Termini (*Signifikat (Bedeutung), Denotation, Konnotation, Code, Subcode* ...) ist ausreichend definiert." (23/68f)

Der springende Punkt dabei ist, dass Kommunikation nicht nur als eine Form von Signal und Response – ein Begriffspaar, das in der Systemtheorie vorkommt – aufgefasst wird, sondern auch als ein Problem von Bedeutung, vermittelt durch Botschaft. Die Informationstheorie beschäftigt sich nicht mit dem Signifikationsprozess. Aber in der Semiotik ist ein Zeichen keine bloße Information, es ist eine signifikante Form, die ihr Empfänger mit Bedeutung füllen muss. Er muss herausfinden, was vom „Sender" „bezeichnet" wurde oder – in anderen Worten – er muss den „Interpretanten" des „Zeichens" herausfinden. Da dies normalerweise eine Sache gesellschaftlicher Übereinkunft ist, ist das Bezeichnete eine abstrakte Entität, eine kulturelle Einheit, die dem Sender einem kulturellen Code entsprechend anhaftet. Das ist der Grund, warum Menschen überhaupt kommunizieren können und wie etwas etwas bezeichnen kann.

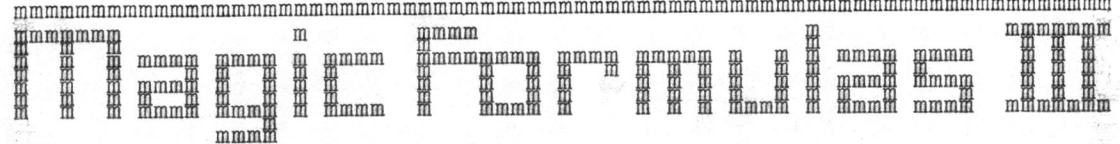

THE ENLIVENED GESTALT

We like some Gestalten more than other Gestalten. Is this not finally caused by ourselves?

We are Gestalten in terms of open systems exchanging energy and information with the environment. We perceive Gestalten in terms of Gestalt psychology or in other terms. However, the activity of perception can be seen as a kind of communication, as an interaction between a man - or, of course, a beast - and his/her surroundings. The perception of a Gestalt is then a selective process, whereby various sense stimuli acquire meaning or no meaning. This happens on the basis of a certain code and is thus a primary interpretation of the sensual data received. From such a viewpoint, Gestalt is nothing other than a sign - or, of course, a supersign; not because of a beast's superiority, but because of a sign's complexity. Suddenly we find ourselves in the middle of semiotics, in a realm of other magic formulas.

As there are already many differences between the semiology of Ferdinand de Saussure and the semiotics of Charles Sanders Peirce, as well as between the conceptions of their followers, the science of signs and their interpretations has never become a homogeneous theory, but rather itself a matter of various interpretations. Thus it is quite "significant" that a great number of semiotic essays exhaustively explain basic terms which are sometimes almost synonymous, sometimes homonymous. As Umberto Eco, one of the most systematical contemporary semiologists, says, a sufficiently exact definition of meaning, denotation, connotation, code, subcode, etc. does not yet exist. (23/69)

The crucial point is that communication is not considered merely as an affair of signal and response - a pair occurring in systems theory - but also as a problem of meaning imparted by message. Information theory does not deal with the process of signification. But in semiotics a signal is not only an information, it is a significant form which its receiver has to fill with meaning. He has to find what is "signified" by the "signifier" or, in other terms, to find an "interpretant" of the "sign". As this is usually a matter

Aber die Bedingung der Semiose, d.h. „an action, an influence, which is, or involves, a cooperation of three subjects, such as a sign, its object, and its interpretant" (23/29), lautet, dass etwas „für etwas anderes stehen" kann, also reziprok ist und auch Ketten des „Für etwas stehen" bilden kann. Wie Peirce definiert, ist ein Zeichen „anything which determines something else (its interpretant) to refer to an object to which itself refers (its object) in the same way, the interpretant becoming in turn a sign, and so on ad infinitum". (23/77) So entsteht ein Prozess endloser Semiose, wobei das Zeichen und sein Interpretant Rollen tauschen können oder ein Interpretant eines Zeichens seinerseits weiter interpretiert werden kann.

In diesem Licht betrachtet erscheint Gestalt als Zeichen deutlich immateriell, sie bezieht sich auf einen Gegenstand, eine Situation oder ein Ereignis. Einerseits wird Gestalt zum Bezeichnenden, zu einem Objekt der Interpretation und unbegrenzter Semiose. Andererseits war Gestalt bereits die Interpretation eines Feldes an sensorischen Stimuli, ein Bezeichnetes eines Bezeichnenden, und dieses Bezeichnete muss als unsere Idee schon vorher bestanden haben. So können wir kaum den Beginn oder das Ende der Entwicklung von Gestalt und ihrer Bedeutung absehen. Peirce sagt: „These ideas are the *first logical interpretants* of the phenomena that suggest them, and which, as suggesting them, are signs, of which they are the ... interpretants." (23/84/a)

Der Diskurs darüber, ob zuerst ein Bezeichnendes oder das Bezeichnete, eine Gestalt oder eine Interpretation da war, scheint bloß eine andere Form des rationalistisch/empiristischen – Hypothese oder Beobachtung – Prioritätsproblems zu sein, wobei hier klar wird, wie vage die Grenzen aller Begriffe sind und wie schnell etwas etwas anderes werden kann. Doch ist vermutlich die Verknüpfung von Bezeichnendem und Bezeichnetem das interessantere Problem. Es wurde bereits erwähnt, dass das Bezeichnete eine kulturelle Einheit ist, die vom kulturellen Code determiniert wird. Goodenough sagt: „Every object, event, or act has stimulus value for the members of a society only insofar as it is an iconic sign signifying some corresponding form in their culture." (23/84/b) Die Strukturen kultureller Einheiten sind semantische Felder oder semantische Achsen. Eine kulturelle Einheit innerhalb einer solchen Struktur ist auch definiert durch die relative Platzierung zwischen den anderen Einheiten.

of social convention, the signified is an abstract entity, a cultural unit which is attached to the signifier accordingly to a cultural code. That is why people can communicate at all, how something can signify something.

But the condition of semiosis, i.e. "an action, an influence, which is, or involves, a cooperation of three subjects, such as a sign, its object, and its interpretant" (23/29), is that something can stand for something else. This implies reciprocity of "standing for" and it also implies chains of "standing for". As Peirce defines sign is "anything which determines something else (its interpretant) to refer to an object to which itself refers (its object) in the same way, the interpretant becoming in turn a sign, and so on ad infinitum". (23/77) Thus the process of endless semiosis arises, whereby the sign and its interpretant can change their roles, or an interpretant of a sign can be interpreted further.

Seen in this light, Gestalt as a sign appears clearly immaterial, it just refers to an object, situation, or event. On the one hand, Gestalt becomes a signifier, a subject of interpretation and of an infinite semiosis. On the other hand, Gestalt has already been an interpretation of a field of sense stimuli, it has already been a signified of a signifier, and this signified had to exist as our idea even before. Thus we can hardly see either a beginning or an end of the development of Gestalt and its meaning. Peirce says that there are some ideas which are the "first logical interpretants of the phenomena that suggest them, and which, as suggesting them, are signs, of which they are the ... interpretants". (23/84/a)

The discourse of what was first, whether a signifier or a signified, whether a Gestalt or an interpretation, seems to be but another form of the rationalist/empiricist - hypothesis/observation - priority problem, whereby it will be clear here how vague are the limits of all terms, and how quickly something can become something else. But the connection between a signifier and a signified is perhaps a more interesting problem. It has been already mentioned that the signified is a cultural unit determined by the cultural code. Goodenough says: "Every object, event, or act has stimulus value for the members of a society only insofar as it is an iconic sign signifying some corresponding form in their culture." (23/84/b) Structures of cultural units are semantic fields or semantic axes. In such a structure a cultural unit is also defined by its relative placing among other such units.

Offensichtlich gibt es eine enge Beziehung zwischen der semantischen Struktur einer Kultur und ihrer Weltanschauung. U. Eco behandelt dieses Thema hinlänglich und macht sich auch über die Existenz von widersprüchlichen semantischen Feldern innerhalb einer Kultur, über das Vorkommen einer kulturellen Einheit in komplementären semantischen Feldern sowie über die Auflösung oder Transformation eines semantischen Feldes Gedanken. Manche Wissenschaftler, wie z. B. B. L. Whorf, vermuten, dass die syntaktische Struktur einer Sprache die Art und Weise definiert, wie man die Welt und demnach die semantischen Strukturen einer Kultur betrachtet. (16/310) Sogar L. Wittgenstein behauptete, dass wir die Dinge „durch" die Sprache sehen. (24/11)

Wie auch immer, die Weltanschauung einer Kultur kann als identisch mit der Struktur des kulturellen Codes, der den Prozess der Bezeichnung kontrolliert, gesehen werden. Aber absolute Konsistenz innerhalb einer Kultur gibt es – besonders heute – nicht.

Wenn man die aktuelle Situation der Kultur bedenkt, können wir ihren Zerfall in verschiedene – entgegengesetzte, sich überschneidende etc. – Subkulturen erkunden und wir könnten auch Unterschiede zwischen einzelnen Individuen feststellen. Es gibt Weltanschauungen, die dazu tendieren, strenge ideologische Codes hervorzubringen, Weltanschauungen der verschiedenen gesellschaftlichen Formationen, die Subcodes erzeugen, und besondere Weltanschauungen als individuelle Codes. Dabei muss erwähnt werden, dass eine individuelle Weltanschauung auch ein Ergebnis der Interaktion zwischen einem Individuum und der Realität ist, die ihrerseits die Gesellschaft, die Kultur, die Kommunikation etc. umfasst.

Deshalb kann Bedeutung keine konstante Eigenschaft einer Botschaft sein. Obwohl es eine Übereinkunft bezüglich ihrer Denotation geben mag, ist es nicht möglich, alle ihre Konnotationen zu determinieren. Außerdem gibt es keine exakte Unterscheidung zwischen Denotation und Konnotation.

Eine einfach denotierte Gestalt kann unzählige endlose konnotative Ketten produzieren, z. B.

1) Sessel – sitzen – Innenraum – Schule – Hölle
2) Sessel – sitzen – Hinterteil – Begehren – Fegefeuer
3) Sessel – Design – Produktion – Ausbeutung – Revolution
4) Sessel – Design – Kunst – Geschichte – Evolution
5) Sessel – vier Beine – Tier – Diener – Sklaverei
6) Sessel – vier Beine – 4/4 – Jazz – Freiheit

Man muss sicher nicht hinzufügen, dass die konnotativen Ketten jene Ketten abbilden, die uns von unserer Weltanschauung angelegt werden. Normalerweise läuft unsere Semiose nach einem bestimmten Schema gemäß unserem Hauptcode ab. Aber wenn unsere Weltanschauung nicht eine versteinerte Struktur – nur einen einzigen Generalcode – hat, dann kann manchmal ein anderer Code aus den Tiefen unseres Vergessens auftauchen und die Richtung unseres konnotativen Verkehrs ändern.

It is evident that there is a very close relationship between the semantic structures of a culture and its Weltanschauung. U.Eco treats this theme at some length. He also considers the existence of contradictory semantic fields within one culture, the occurrence of a cultural unit in complementary semantic fields, and the dissolution or transformation of a semantic field. Some scientists, e.g. B.L.Whorff, suppose that the syntactic structure of a language defines the way of looking at the world and thus the semantic structures of a culture. (16/310) Even L.Wittgenstein asserted that we see things "through" language. (24/11)

However, the Weltanschauung of a culture can be regarded as identical with the structure of the cultural code which controls the process of signification. But there is no absolute consistency in a culture, particularly nowadays. Considering the contemporary situation of a culture, we can ascertain its fracturing into various subcultures - oppositional, overlapping, etc. - and we may see differences between individuals too. There are Weltanschauungen which tend to be stiff ideological codes, Weltanschauungen of various social formations generating subcodes, and peculiar Weltanschauungen as individual codes. It should be mentioned that an individual Weltanschauung is also a result of the interaction between an individuum and the reality which includes society, culture, communication, etc.

Thus the meaning cannot be a constant property of a message. Though there may be consensus about its denotation, it is impossible to determine all its connotations. Moreover, there is no exact distinction between denotation and connotation.

A simple denoted Gestalt can produce a countless number of endless connotative chains, for example:
1) chair - to sit ---- interior --- school ------- hell
2) chair - to sit ---- posterior -- desire ------- purgatory
3) chair - design ---- production - exploitation - revolution
4) chair - design ---- art -------- history ------ evolution
5) chair - four legs - animal ----- servant ------ slavery
6) chair - four legs - 4/4 -------- jazz --------- freedom

It certainly need not be added that the connotative chains picture the chains imposed on us by our Weltanschauung. Normally our semiosis runs a certain schema according to our main code. But if our Weltanschauung is not a fossil structure - one generalized code only - another code can sometimes emerge from the waters of oblivion and change the direction of our connotative traffic. Such a thing

Solches geschah einst Hans Harms. Plötzlich wurde der Code von Kette Nr. 3 durch den Code von Kette Nr. 4 während einer Gestalttransposition eines Adolf Loos-Hauses überwältigt. (Appendix III) Die vorangegangenen Beispiele haben natürlich fast nichts gemein mit der Gestalttransposition, die sich die Gestaltpsychologie vorstellt; es sind Beispiele mehr oder weniger konventioneller Konnotationen und semantischer Assoziationen. Vielleicht ist das einzige, das zugleich eine Gestalttransposition ist, dieses: „vier Beine Sessel – vier Beine Tier". Und tatsächlich gibt es manieristische Sessel mit Tierbeinen. So gesehen ist Gestalttransposition lediglich eines der Werkzeuge der Konnotation. (2/107) (Immer wenn ich zu meinem Auto komme, sehe ich es ganz deutlich als die Gestalt eines gutmütigen Hundes, aber ich weiß nie, ob dies eine Gestalttransposition, eine fast private Konnotation oder lediglich eine Ersatzidee ist. Es ist aber tatsächlich ein ikonisches Zeichen, ein soziales Phänomen: meine Frau konnotiert genau dasselbe dafür. J. Mukařovský schreibt in „Die Kunst als semiologisches Faktum" 1934, dass „jeder geistige Inhalt, der die Grenzen des individuellen Bewußtseins überschreitet, ... schon aus der bloßen Tatsache seiner Mitteilbarkeit den Charakter eines Zeichens" gewinnt. (25/138))

Die Aufgabe der Semiotik besteht sicherlich darin, den gesellschaftlichen Verkehr in seiner Ganzheit zu prüfen. Botschaften werden nicht nur erhalten, sondern auch gesendet, sodass nicht nur der Weltanschauungscode des Empfängers den Grad der Mehrdeutigkeit einer Botschaft bestimmt. Es gibt Botschaften, die absichtlich so uneindeutig wie nur möglich sind, und es gibt andere, die tatsächlich eindeutig sein sollen.

Das Charakteristikum von ästhetischen Botschaften ist ihre Mehrdeutigkeit, die Aufmerksamkeit erregen und einen offenen Prozess der Interpretation ermöglichen soll. Wie Eco es ausdrückt: „Daher lassen wir in ihre *leere* Form immer neue Bedeutungen einfließen", um dabei „immer neue Codes auszuprobieren" (23/163), wobei es auf der Ebene der Rezeption eine Dialektik zwischen der Applikation des eigenen Codes und dem Versuch gibt, im Sinne des Schöpfers und des ursprünglichen historischen Kontexts der Botschaft eine Interpretation zu liefern.

Gerade durch ihre Mehrdeutigkeit erschüttert jede ästhetische Botschaft den kulturellen Code und macht Platz für eine Prüfung seiner Möglichkeiten. Darin kann man die gesellschaftlich progressive Funktion von Kunst sehen, doch ist dieses komplexe Thema mit vielen Problemen verbunden, nämlich jenen von „ästhetischer Funktion, Norm und ästhetischem Wert als soziale Fakten". Mit ihnen hat sich der tschechische Strukturalist und marxistische Schriftsteller Jan Mukařovský 1936 beschäftigt. (25/7–112)

once happened to Hans Harms. Suddenly the code of chain No.3 was overwhelmed by the code of chain No.4 during a Gestalt transposition of an Adolf Loos house. (App.III) The preceding examples have of course almost nothing in common with Gestalt transposition as envisaged by Gestalt psychology; they are examples of more or less conventional connotations and semantic associations. Perhaps the only one which is at the same time a Gestalt transposition is "four legs chair - four legs animal". And there are in fact manneristic chairs with animal legs. Thus Gestalt transposition is only one of the means of connotation. Even Ehrenfels pointed to the associative principles of Gestalten. (2/107) (Always when I come to my car, I see it clearly as a Gestalt of a good-natured dog, but I never know, whether this is a Gestalt transposition, an almost private connotation, or just an Ersatz idea. It is in fact an iconic sign, a social phenomenon: it connotates exactly the same to my wife. J.Mukařovský writes in his "Art as a Semiological Fact", 1934, that "every spiritual content, which exceeds the bounds of the individual consciousness, attains the character of a sign merely due to its communicability" (25/85).)

The task of semiotics is certainly to examine social intercourse in its entirety. Messages are not only received, but also sent, so that not only the Weltanschauung code of the recipient determines the degree of ambiguity of a message. There are messages which are deliberately constructed to be as ambiguous as possible, and there are others which are intended to be perfectly unambiguous.

The characteristic of aesthetic messages is their ambiguity which is to attract attention and to enable an open process of interpretation. As Eco describes it, we try "to fill up the empty form with always new meanings" (23/163), to test always new codes on it, whereby at the level of reception, there is a dialectic between the application of one's own codes and the attempt at an interpretation in sense of the author and the original historical context of the message.

Precisely in its ambiguity, every aesthetic message shakes the cultural code and gives rise to an examination of its possibilities. This can be seen as the socially progressive function of art, but many problems are connected with this complex theme. These are the problems of "aesthetic function, norm, and value as social facts". They were dealt with by Czech structuralist and Marxist writer Jan Mukařovský in 1936. (25/17-53)

Nach Mukařovskýs Theorie unterscheidet sich die ästhetische Norm, die „in der Regel nur den Hintergrund für den unaufhörlich gegen sie gerichteten Verstoß bildet", genau in dieser Hinsicht von anderen Arten von Normen. (25/38) Eine solche Sichtweise war von den russischen Formalisten, im besonderen von Viktor Schklovskij im Begriff der „ostranenie" – d.h. in der „künstlerischen Deformation", die eine „maximale Vergeudung von Energie" verursacht (25/43) – bereits 1916 antizipiert und durch die darauffolgende Entwicklung der Kunst bestätigt worden.

Ein kleines zusätzliches Problem entsteht, wenn das Brechen der Norm zur ästhetischen Norm wird. Jeder, der diese Norm brechen möchte, sollte zuerst versuchen, das bekannte Russell'sche Paradoxon zu lösen; Frege z.B. konnte es nicht. Deshalb sollte auf der Ebene der Produktion einer Botschaft immer eine Dialektik zwischen einem gewissen Respekt vor der ästhetischen Norm und dem Bemühen, diese zu brechen, bestehen, oder – wie Eco definiert – eine Dialektik „zwischen Form und Offenheit". (23/166)

Gänzlich anders als die ästhetische ist die persuasive rhetorische Botschaft. Ihre Anstrengung besteht darin, Mehrdeutigkeit und Offenheit in der Interpretation des Empfängers zu vermeiden. So gesehen ist Rhetorik ein brauchbares Werkzeug der Ideologie, die man auch als eine fixe Weltanschauung sehen könnte, als einen vordeterminierten Code, der sich selbst vor unerwarteten Erschütterungen schützt und daher versucht, den Prozess der Semiose abzubrechen, um das letzte Glied der konnotativen Kette zu definieren. Doch darf nicht jegliche Rhetorik als Dienerin der Ideologien angesehen werden. In seinen „Mythen des Alltags" deckt Roland Barthes beispielsweise die Verwandtschaft von bürgerlicher Ideologie und Rhetorik in einer sehr rhetorischen Art und Weise auf. (26) Doch wie auch immer: Poesie und Rhetorik sind ein Widerspruch.

Paradoxerweise gibt es von jeher den Begriff der „Kunst der Überredung", und es ist tatsächlich erstaunlich zu sehen, wie immer wieder versucht wird, eine Symbiose zwischen Kunst und Überredung, zwischen ästhetischer und rhetorischer Botschaft, nicht zuletzt auf dem Gebiet der Architektur, herzustellen. So dient die mehrdeutige Kunst von S.I.T.E. oder Venturi der Werbung einer Supermarktkette. Eine andere Art von Ideologie wird in Maurice Culots Arbeiten durch hübsche Zeichnungen befördert und L. Krier versucht offensichtlich das Gegenteil: um seine leeren, wenn auch humorvollen Zeichen durch solch eine Ideologie zu stützen. Die Produktion ästhetischer Botschaften ist selten unabhängig, die Poesie in der architektonischen Praxis wahrscheinlich niemals autonom.

Architektur tendiert a priori dazu, persuasiv zu sein und uns zu sagen, wie wir leben sollen. Architekten verstärken die architektonische Rhetorik gemeinhin in der Überzeugung, eine ästhetische Botschaft zu produzieren – was tatsächlich wiederum rhetorisch ist.

According to Mukařovský's theory, the aesthetic norm, "rendering just a background for a continual breaking of itself", is different, precisely in this aspect, from other kinds of norms. (25/28) Such a view was anticipated by the Russian formalists, particularly in Victor Shklovskiy's "ostranenie" - i.e. alientation causing "maximal waste of energy" (25/29-30) - in 1916, and justified by the following history of art.

A little supplementary problem appears when breaking the norm itself becomes the aesthetic norm. Anyone who would like to break this norm should first try to solve the well-known Russell's paradox; Frege, e.g., could not. Thus at the level of message production, there must always be a dialectic between some respect to the present aesthetic norm and the effort to break it, or - as Eco defines - a dialectic "between form and openness" (23/166).

Quite different from the aesthetic message is the persuasive, rhetorical one. Its effort is to restrict ambiguity, to evoid the openness of recipient's interpretation. Thus rhetoric is a suitable tool of ideology which can be seen as a fixed Weltanschauung, a predetermined code protecting itself against unexpected vibrations and trying therefore to petrify the process of semiosis, to define the last link of a connotative chain. But not all rhetoric should be considered as subserviant to ideologies. E.g. in his "Mythologies", Roland Barthes reveals the relationship between bourgeois ideology and rhetoric in a very rhetorical way. (26) However, poetry and rhetoric are contradictious.

Paradoxically, since ancient times there has been the notion of the "art of persuasion", and it is in fact amazing to observe the frequent attempts at symbiosis between art and persuasion, between the aesthetic message and the rhetorical one, not least in the field of architecture. The ambiguous art of S.I.T.E. or Venturi serves the propaganda of a supermarket company. Another sort of ideology is supported in Maurice Culot's work by nice drawings, and L.Krier apparently tries just the opposite: to back his empty signs - full of humour - using such an ideology. The production of aesthetic messages is seldom independent. In architectural practice, poetry is probably never autonomous.

Architecture tends a priori to be persuasive, to tell us how to live. Architects usually reinforce the arcitectural rhetoric in their conviction of producing an aesthetic message - which is in fact rhetorical again. This is the case with functionalism, which

Dies ist der Fall beim Funktionalismus, der die primären Funktionen von Architektur unterstreicht – indem er sie auf die Ebene bedeutungsvollen Ausdrucks hebt. Und das ist auch beim primitiven Symbolismus der Fall, der sich eifrig bemüht, den Prozess des Bezeichnens auf ein vorbestimmtes Ziel zu lenken – wobei er angeblich unzweideutige Zeichen verwendet.

Unglücklicherweise führt selbst der vordergründige Gedanke, dass es so etwas wie Semiotik gibt – und es deshalb so etwas wie Signifikanz geben sollte –, direkt auf diesen Zugang zur Architektur hin. Wohlgemeinte Vorschläge – z.B. dass „alle Gebäude Bedeutung ‚transportieren'" und weil „wir dies als unvermeidbar akzeptieren, wir auch darauf schauen sollten, dass sie das ordentlich tun" (21/482) – können die schlimmsten Missverständnisse verursachen und die beabsichtigte ästhetische Botschaft in eine rhetorische verwandeln. Dann nämlich gewinnt „Form" gegenüber „Offenheit" die Oberhand und der interpretierende Impuls der Empfänger wird gehemmt.

Andererseits gibt es keine Rechtfertigung für eine rein poetische Botschaft in der architektonischen Produktion. Die erste Aufgabe der Architektur besteht nicht darin, den kulturellen Code zu erschüttern, sondern vielmehr, der Gesellschaft einen Dienst zu erweisen. In seinen Gedanken über die drei Haltungen, die dem Architekten prinzipiell möglich sind, verwirft U. Eco jene der absoluten Loyalität gegenüber dem gegenwärtigen Gesellschaftssystem und dessen Codes ebenso wie die einer extrem „avantgardistischen" Destruktivität, die alle Normen bricht. Was übrigbleibt, ist ein Zugang, bei dem „der Architekt den Grundcode bei[behält] und ihn auf neue Anwendungsmöglichkeiten hin" untersucht (23/336), was es den Nutzern dann überhaupt erst ermöglicht, Verständnis für die Schaffung eines neuen Codes aufzubringen, der sich auf die vorherigen Codes bezieht und mit den neuen gesellschaftlichen Verhältnissen, die befördert werden sollen, korrespondiert.

Architektur als gebaute Botschaft, als manipulative Methode, Bedeutungen festzuschreiben, impliziert augenscheinlich viele Probleme. Zum Beispiel lastet die Frage der Vorhersehbarkeit auf jeglicher Planungsintention. Angesichts unserer Welt und im Bewusstsein der Unwägbarkeiten im Verhältnis von Ziel und Ergebnis, sollten wir nach den bestmöglichen Methoden suchen – auch in Hinblick auf Bedeutung.

Die Semiologie zeigt uns ganz überzeugend, dass wir nicht den Signifikanten niederreißen und einen neuen errichten müssen, um ein neues Zeichen zu erhalten. Wir können Architektur machen, indem wir Gebäude bauen, und wir können Architektur machen, indem wir deren Bedeutung verändern. Eine andere Interpretation ist eine andere Architektur. Aber wir dürfen nicht vergessen, dass die Zuschreibung einer Bedeutung zu einem gebauten Objekt ein Fall von gesellschaftlicher Konvention ist, obwohl es möglicherweise unterschiedliche individuelle Codes und verschiedene Standpunkte gibt.

underlines the primary functions of architecture - lifting them up to the level of meaningful expression. And this is also the case with primitive symbolism, which is anxious to steer the process of signification to a predetermined destination - using supposedly unambiguous signs.

Unfortunately, even a superficial notion that there is such a thing as semiotics - and therefore there should also be such a thing as significance - leads directly to this kind of approach to architecture. Well-meant suggestions, e.g. that "all buildings 'carry' meaning", and because "we accept this as inevitable, we might as well make sure that they do it properly" (21/482), can cause the worst misunderstandings and convert an intended aesthetic message to a rhetorical one. In such a case, "form" gains superiority over "openness", and the interpretative initiative of the recipients is restrained.

On the other hand, there is no justification for a purely poetic message in architectural production. The first task of architecture is not to shake the cultural code, but to render a social service. In his consideration of three principal attitudes of an architect, U.Eco rejects absolute loyalty to the present social system and its codes as well as an extremly "avantgardistic" destructivity breaking all norms. What remains is an approach keeping the basic code, which makes the users' understanding possible at all, as a platform for the creation of a new code - related to the previous one and corresponding with the new social relationships which are to be promoted. (23/336)

Architecture as a constructed message, as a manipulative method of setting meanigs, obviously implies many problems. For example, the question of predictability weighs upon every planning intention. Facing the environment and being aware of uncertainities in the relation between aim and result, we should search for the most adaptive possible methods - in the scope of meaning too.

Semiology shows us in a convincing way that we need not pull down a signifier and build up a new one in order to get a new signified. We can make architecture in the course of building buildings, and we can make architecture in the course of changing their meanings. Another interpretation is another architecture. But we must not forget that the connection of a meaning to a built object is a matter of social convention, though there may be different individual codes and various points of view.

Im Extremfall könnten wir jegliche Denotation individuell und völlig beliebig wählen, aber das würde das Ende der Kommunikation bedeuten, die Auflösung unserer Codes. Tatsächlich können wir unseren Code bis zur Toleranzgrenze der anderen ausreizen oder ihn verändern. Wollen wir die Struktur der Codes elastisch halten, d.h. adaptierbar, dann ist es am besten, viele verschiedene Botschaften zu empfangen und alle möglichen Codes auf sie anzuwenden – einfach um zu Gestalten zu kommen. Diese sind Theorien, gefolgt von Erfahrungen, denen wiederum Theorien, denen wiederum Erfahrungen folgen und so weiter.

So könnte es ein sinnvolles Unterfangen sein, nach Parallelen zwischen Architektur und Sprache zu suchen. Beide sind Bereiche des zwischenmenschlichen Verkehrs, weshalb ihr Vergleich als ein Versuch von Gestalttransposition angesehen werden kann. Saussure hat in seinem „Cours de linguistique générale" tatsächlich auf die Analogie zwischen Sprache und Stadt hingewiesen, wobei er das Grundsystem der Sprache – die „langue" – mit städtischen Dimensionen verglich und die konkrete Ausformung der Rede – „parole" – mit der Architektur. Er hat aber diesen Vergleich nur herangezogen, um seine linguistischen Begriffe zu erklären. Sicher könnte man eine Reihe von Zitaten aus wissenschaftlichen wie aus belletristischen Texten finden oder sogar aus einer Literatur, die zwischen diesen beiden Bereichen fluktuiert, wie etwa die Texte von Roland Barthes, in denen ähnliche Analogien auftauchen – zumeist auf einer metaphorischen Ebene.

Die semiologische Mode der 1960er, die sich in den 1970er Jahren fortgesetzt hat, brachte viele Beiträge zum Thema „Architektur und Sprache" hervor. Wir sollten uns aber der Tatsache bewusst sein, dass es vom Prinzip her unterschiedliche Zugänge gibt: die Suche nach der Bedeutung von Architektur, den Versuch, Architektur mittels linguistischer Begriffe zu erklären, die vergleichende Geschichte von architektonischen und linguistischen Theorien, die Untersuchung der architektonischen Morphologie und andere. Sie alle sind nicht gleich, aber manchmal treffen sie aufeinander, z.B. in den Vorlesungen von Anthony Vidler.

Die Texte, die sich mit der Funktion von Architektur als Bedeutungsträger innerhalb einer Gesellschaft auseinandersetzen, beginnen gewöhnlich bei Lévi-Strauss' Bororo-Indianerdorf und enden bei Victor Hugos Notre-Dame, also bei Gutenbergs Erfindung des Buchdrucks. Die Tradition der Ansicht, dass die Architektur der Zeit kein geeignetes Medium mehr ist für eine sinnvolle Kommunikation, reicht von Hegel bis Venturi.

Es besteht kein Zweifel, dass Architektur auch heute noch etwas bedeutet, doch als aktive Sprache ist sie unzulänglich und unökonomisch. Deshalb ist also auch das Bemühen, mit den Mitteln der Architektur etwas Bestimmtes auszudrücken, ein problematisches Unterfangen, und Versuche, Architektur z.B. als direkte Determinante von gesellschaftlichen Beziehungen einzusetzen, gehen gemeinhin fehl. Impliziert das die Unergiebigkeit jeglichen semiologischen Zugangs zur Architektur?

In the extreme case, we could individually choose any denotation whatever in a totaly arbitrary manner, but this would mean the end of communication, the dissolution of our codes. What we really can do is to apply our codes up to the limits of their tolerance, or to modify them. The best way to keep the structure of codes elastic, i.e. adaptable, is to receive many various messages and to test all possible codes on them - simply to be after Gestalten. These are theories followed by experiences followed by theories followed by experiences etc.

Thus it might also be a useful undertaking to look for parallels between architecture and language. Both of these are matters of human intercourse, so that their comparison can be seen as an attempt at Gestalt transposition. Saussure himself pointed in his "Cours de linguistique générale" to the analogy between language and city, whereby the general system of a language - "langue" - is compared to the urban dimension, and the particular performance of a speech - "parole" - to that of architecture. Saussure indeed used the analogy in order to explain his linguistic terms. It would certainly be possible to compile a number of quotations from scientific as well as belletristic literature, or even from literature fluctuating between these two domains like the writings of Roland Barthes, in which similar analogies appear - mostly at a metaphoric level.

The semiological fashion of the 1960's, continuing in the 1970's, brought many contributions to the theme "architecture and language". We should be aware of the fact that there are approaches different in principle: the quest for the meaning of architecture; the attempt to explain architecture in linguistic terms; the comparative history of architectural and linguistic theories; the research of architectural morphology; and others. They are not the same, but sometimes come together, e.g. in the lectures of Antony Vidler.

The essays on the function of architecture as a vehicle of meaning within a society usually begin at Lévy-Strauss's Bororo-Indian village and end at Victor Hugo's Nottre-Dame, i.e. at Gutenberg's invention of printing. The tradition of the opinion that architecture in our age is no longer the appropriate medium for a meaningful communication reaches from Hegel to Venturi.

No doubt architecture still means something nowadays, but as an active language it is ungainly and uneconomical. For this reason too, the effort to express something certain by means of architecture is a problematic intention, and such attempts, as e.g. the use of

Tafuri nimmt an, dass „durch die Semiotik … die Architektur eine eigene Bedeutung zu finden [sucht], und zwar mit der beklemmenden Ahnung, jegliche Bedeutung verloren zu haben". (20/118) Das könnte stimmen. Aber nur die Semiotik kann die Rolle der Architektur im Kontext anderer semantischer Systeme erklären und zeigen, wie es letztlich möglich ist, Architektur als Sprache zu vermeiden oder abzuschaffen.

Eco erwähnt einen „‚revolutionäre[n]' Aspekt des semiotischen Bewußtseins". (23/441) Da wir üblicherweise nicht in der Lage sind, Botschaften zu verändern oder die Sender zu kontrollieren, können wir einen Kommunikationsprozess nur dann radikal beeinflussen, wenn wir die Umstände, unter denen eine Botschaft empfangen wird, die also direkt die Codes des Empfangens betreffen, verändern. Nach Eco ist dies die Methode der „semiotischen Guerilla". (23/441)

Keine Botschaft kann so redundant sein, dass ihre Bedeutung ein für allemal fixiert wäre und nicht durch Anpassungen adaptiert werden könnte. Als integraler Bestandteil einer Kultur interagiert Architektur mit anderen Kommunikationssystemen. Deshalb ist es möglich, sie zu beeinflussen, indem man ein anderes Medium, d.h. nicht-architektonische Mittel, einsetzt.

Generell beeinflussen alle Arten von Botschaften – alle Gestalten, die wir empfangen – die Struktur unserer Codes, unsere Weltanschauung und deshalb auch unsere Wahrnehmung von Architektur. Wie Eco definiert: „… Weltanschauung … kann theoretisch jedesmal revidiert werden, wenn neue Botschaften durch semantische Umstrukturierung des Codes neue konnotative Ketten und folglich neue Wertzuordnungen einführen." (23/168) Deshalb ist es nicht notwendig zu versuchen, das Problem der Bedeutung und des ästhetischen Werts von Architektur innerhalb der Architektur selbst zu lösen. Die Basis für die Emanzipation von Gestalt ist ihre Abhängigkeit von Weltanschauung. Die Basis für die Emanzipation von Weltanschauung ist die Semiose. Nach Felix Hausdorff gibt es eine grundlegende Besonderheit des Homo sapiens: „Der Mensch ist ein semiotisches Tier." (27/13) Die Aufgabe der Semiotik liegt auch darin, die Bedingtheit der Architektur von anderen semantischen Systemen und demzufolge von der Gesellschaft und deren Kultur als ganzer offenzulegen. Aber zuallererst muss die Semiologie sich selbst entmystifizieren und die Pseudo-Semiologen enttarnen.

Die wollen uns weismachen, dass wir unserer Architektur eine ganz bestimmte Bedeutung geben sollen und dass z.B. ein Haus für UBU in eine Richtung lesbar sein soll, aber nicht umgekehrt. (Abb. 6)

Sollen wir dem folgen und die „offene" Gestalt durch eine permanent „sinnvolle" ersetzen?

architecture as a direct determinant of social relationships, regularly fail. Does this imply the unproductiveness of any semiological approach to architecture?

Tafuri supposes that "through semiology architecture seeks its own meaning, while tormented by the sense of having lost its meaning altogether". (20/161) That might be true. But only semiology can elucidate the role of architecture in the context of other semantic systems and show how is it eventually possible to avoid or overcome architecture as language.

Eco mentions a "revolutionary aspect of the semiotical consciousness". (23/441) As we are not usually able to alter messages or to control the senders, we can radically influence a communication process if we just change the circumstances in which the message is to be received, i.e. affecting directly the codes of reception. According to Eco, this is the method of a "semiotic guerilla". (23/441)

No message can be so redundant that its meaning would be fixed once and for all, and could not be adapted by means of other adaptions. Being an integrated part of a culture, architecture interacts with other communicative systems. Therefore it is possible to influence it using another medium, i.e. non-architectural means.

In a general view, all kinds of messages - all Gestalten which we perceive - affect the structure of our codes, our Weltanschauung, and thus also our perception of architecture. As Eco defines, "the Weltanschauung ... can be revised everytime new messages introduce new connotative chains and, consequently, a new distribution of values". (23/168) Thus we need not necessarily try to solve the problem of meaning and aesthetical value of architecture within architecture itself. The basis for the emancipation of Gestalt is its dependence on Weltanschauung; the basis for the emancipation of Weltanschauung is semiosis. According to Felix Hausdorff, there is a fundamental peculiarity of homo sapiens: "The man is a semiotical beast." (27/13) The task of semiotics also lies in revealing the relativeness of architecture to other semantic systems, and thus to society and its entire culture. But first and foremost semiology has to demystify itself and to uncover pseudo-semiologists.

They like to tell us that we should impress a very certain meaning on our architecture, and that e.g. a UBU house should be readable directly, but not in reverse too. (Fig.6)

Shall we follow and replace the "open" Gestalt by a permanently "meaningful" one?

HAUS FÜR HERRN UND FRAU UBU UND IHRE FEINDE
Abbildung 6: Alltagsdesign als ein semiologisches Problem (J.T. 1972)

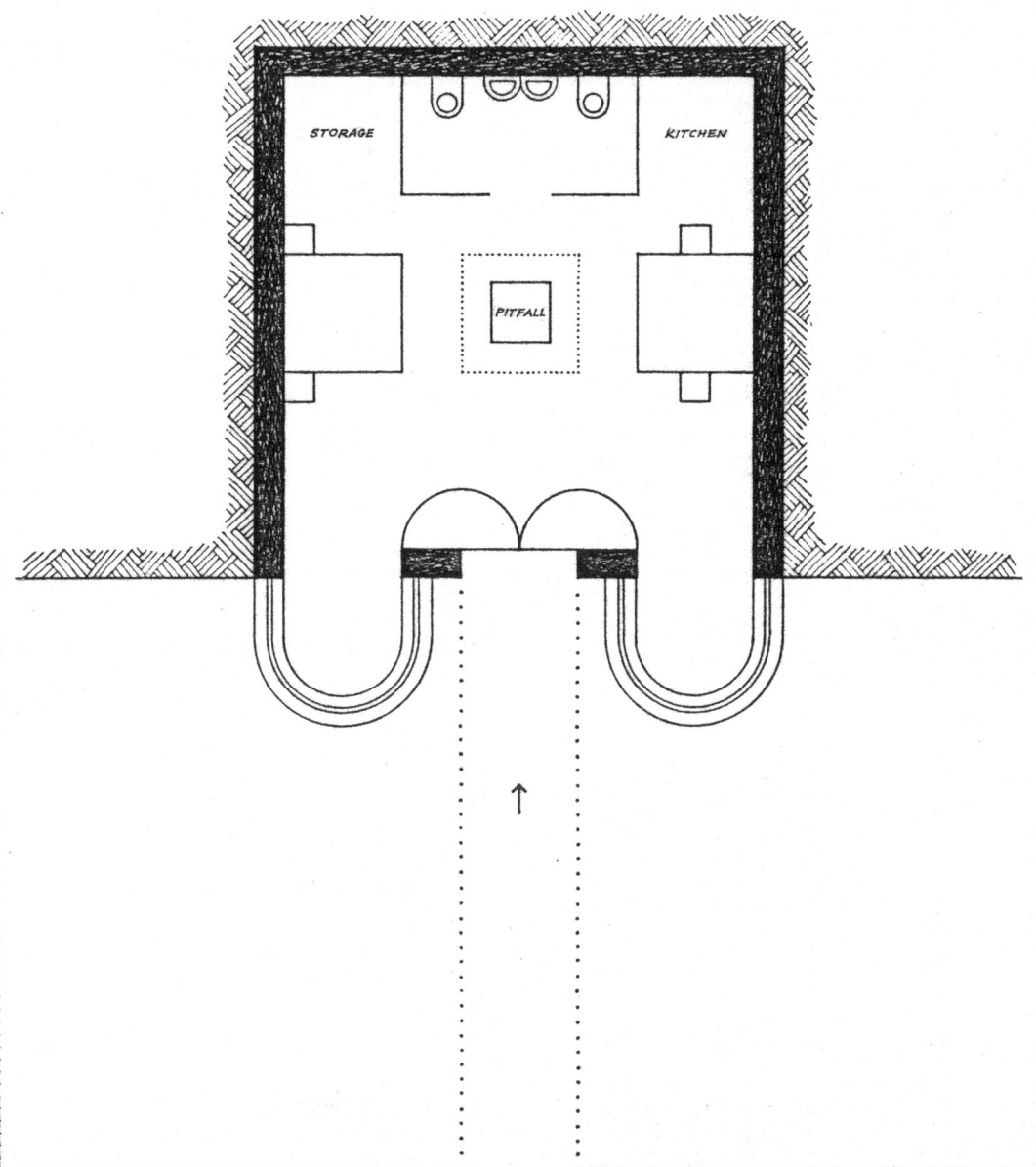

Figure 6: Environmental Design as a Semiological Problem (J.T.1972)

Good-bye

Wir wissen nicht, ob es eine objektive Realität gibt und es muss uns auch nicht kümmern. Aber wir können sicher sein, dass es keine objektive Wahrnehmung oder Erkenntnis gibt. Unsere Ideen von der Welt sind alles, was wir je über die Welt wissen können. Wir können Gestalt nicht wahrnehmen, denken oder bilden, ohne unsere Weltanschauung dafür heranzuziehen.

Die individuelle Weltanschauung ist die Summe aller Codes, die ein Individuum besitzt – von den physischen und psychologischen Wahrnehmungscodes bis hin zu den kulturellen Codes der Gesellschaft, deren Teil das Individuum ist. Der Prozess, wie man eine Information von der Außenwelt empfängt, wie man sie strukturiert und mit Bedeutung und Werten belegt – sagen wir also: der Gestaltbildungsprozess –, kann de facto als eine einzige Aktivität oder aber als ein Komplex von einander überlappenden, simultan ablaufenden Aktivitäten begriffen werden.

Auf jeder Stufe dieses Prozesses findet eine Art Interpretation statt, daher bedarf und braucht es auch interpretierende Fähigkeiten, Referenzen, Theorien, d.h. eine Anwendung von Weltanschauung. Das Individuum bildet eine Gestalt – ein provisorisches Modell, das erprobt werden muss. Erfahrung und Erfindung münden in neue Interpretationstheorien. Diese wiederum erneuern die Struktur der Codes – die Weltanschauung. Gestalt und Weltanschauung stehen also in einem Wechselverhältnis zueinander.

Wenn wir davon ausgehen, dass es keine ultimative, nicht durch eine andere ersetzbare Theorie gibt, dann können wir nicht gleichzeitig annehmen, dass da so etwas wie eine endgültige Qualität von Gestalt oder Weltanschauung ist. Nichtsdestotrotz gibt es Phänomene und Kräfte, die gegen einen Wechsel oder eine Modifikation von Gestalt wie auch von Weltanschauung zu arbeiten scheinen.

Ein grundlegendes Charakteristikum unserer Wahrnehmung ist die Gestaltkonstanz: Obwohl der Standpunkt und andere Umstände variieren, sehen wir immer dieselbe Gestalt. Ein anderes Phänomen ist die Gestaltprägnanz: Unabhängig von allen Unregelmäßigkeiten und feinen Nuancen idealisieren und schematisieren wir Gestalten zu einfachen „guten Figuren".

Eines der Grundprinzipien, wie wir als offenes System funktionieren, ist die Angleichung von Energie- und Informationsinputs an unsere eigene körperliche und geistige Struktur: Wir bewahren unseren Charakter und perpetuieren unsere Kodierungsweisen, damit wir bei einer möglichst unveränderten Weltanschauung bleiben können.

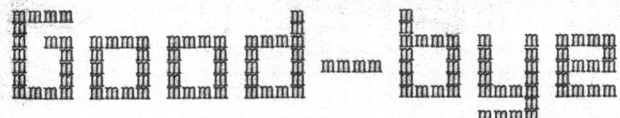

Good-bye

We do not know whether there is an objective reality, and we need not care for that. But we can be sure that there is no objective perception or cognition. Our ideas of the world are all we can ever get to know about the world. We cannot discern, think, or construct a Gestalt without involving our Weltanschauung.

The individual Weltanschauung is the summary of all codes possessed by an individuum - from the physical and psychological codes of perception up to the cultural codes of the society of which the individuum is part. The process of receiving information from the outside world, structuring it, and furnishing it with meaning and values - let us say the Gestalt-making process - can be seen as de facto only one activity or as a complex of interlacing activities running simultaneously.

At every level of this process there is a kind of interpretation, thence a need for and a use of interpretative abilities, references, theories, i.e. an application of the Weltanschauung. The individuum makes a Gestalt - a provisional model which is to be tested. Experiences and invention result in new interpretative theories. These in their turn rebuild the structure of the codes - the Weltanschauung. Thus Gestalt and Weltanschauung stand in mutual relation to one another.

If we accept that there is no ultimate theory which could not be replaced by another one, we cannot accept that there is such a thing as a final quality of Gestalt or of Weltanschauung. Nevertheless, there are some phenomena and forces which seem to work against the change and modification of both Gestalt and Weltanschauung.

One of the fundamental characteristics of our perception is the Gestalt constancy: though the point of view and other circumstances vary, we always see the same Gestalt. Another phenomenon is the Gestalt pregnancy: regardless of all irregularities and fine nuances, we idealize and schematize Gestalten to simple "good" figures.

One of the basic principles of our functioning as open systems is the assimilation of energic and informative imputs to the nature of our own somatic and mental structure: we preserve our character and perpetuate our way of coding, so that we tend to keep our Weltanschauung unchanged.

Obwohl sich die Umwelt verändert, kommen wir nicht umhin, Stabilität, Sicherheit und Gewissheit anzustreben. Aus genau diesem Grund laufen wir Gefahr, der Gewohnheit, der Trägheit und dem Glauben zu erliegen.

Unsere Wahrnehmung ist anfällig für Illusionen, unser Erkennen nicht frei von Leichtgläubigkeit. Einer unserer häufigsten Fehler besteht darin zu glauben, dass Bedeutung und Wert objektive, dauerhafte und quantifizierbare Dingqualitäten seien.

Da sowohl Bedeutung als auch Wert nur in einem lokalen und zeitlichen Kontext existieren und durch individuelle, gesellschaftliche und kulturelle Codes definiert werden, verliert der Begriff der absoluten Gestalt seine ontologische Berechtigung. Jeder Versuch, z.B. den ästhetischen Wert als dem Objekt immanent zu messen, führt unausweichlich in den Bereich der Metaphysik. Dafür Mathematik und Computer einzusetzen, kann nur unberechenbare Konsequenzen nach sich ziehen.

Da Bedeutung und ästhetischer Wert keine physischen Eigenschaften eines Objekts sind, müssen große Anstrengungen unternommen werden, sie diesem möglichst untrennbar zuzuschreiben. Dies kann mit Hilfe von kommerziellen Tricks oder autoritären Bescheiden geschehen. Es ist das Ziel beider Methoden, eine Art „Einweg"-Gestalt zu produzieren. Im ersten Fall werden wir dazu veranlasst, sie wegzuwerfen und so schnell wie möglich eine neue zu erwerben; im zweiten Fall werden wir gezwungen, einen einzigen Weg zu beschreiten – sei es vorwärts in die Zukunft, indem wir Fortschritt inszenieren, sei es zurück in die Vergangenheit, indem wir Geschichte bewerten.

Wenn Bedeutung in eine Botschaft gegossen werden muss, die im Prinzip leer ist, dann geschieht das in der Absicht, Kommunikation besonders bedeutend und damit wertvoll zu machen. In so einem Fall wird die Botschaft eher rhetorisch denn ästhetisch sein. Aber eine Möglichkeit steht uns offen: rhetorische Empfehlungen auch auf poetische Weise zu lesen. Die Frage ist jedoch, wie frei wir innerhalb der Sprache überhaupt sind.

Wir könnten z.B. mit Michel Foucault übereinstimmen, dass es Systeme gibt, die vor uns existierten und die uns soweit bestimmen, dass sie „in uns denken". (7/204) Wir könnten semantischen oder syntaktischen Strukturen anheimfallen. Wir könnten von der Idee beeindruckt sein, dass gemäß Leibniz alles auf 0–1 reduzierbar ist. Wir könnten sogar auf die Null des Parmenides zurückgreifen.

Aber wir könnten auch den unaufhörlichen und niemals abgeschlossenen Metamorphosen der Strukturen, z.B. dem Wienerischen 1–2–3 oder dem 1–2–3–4 von New Orleans, mehr Aufmerksamkeit schenken. Wir könnten eher nach zahllosen Varianten, Transformationen und Adaptionen als nach einer Alternative suchen. Wir könnten die Überzeugung der Semiologen teilen, dass wir ein System von Codes durch jede einzelne einfache Performance innerhalb des Systems durcheinanderbringen. Indem wir Gestalten interpretieren, bleibt unsere Weltanschauung in Schwingung.

Though the environment is altering, we are designed to seek stability, security, and certainty. For that very reason we are in danger of succumbing to custom, indolence, and belief.

Our perception is susceptible to illusion, our cognition is not free of credulity. A frequent error we make is to think meaning and values are objective, lasting, and quantifiable qualities of things.

As both meaning and values can exist only in a local and temporal context, being defined by the individual, social, and cultural codes, the notion of an absolute Gestalt loses its ontological justification. Every attempt to measure e.g. the aesthetic value as immanent to an object inevitably involves metaphysics. The use of mathematics and computers here can only have incalculable consequences.

As meaning and aesthetic value are not physical properties of an object, efforts are made to attach them to it as firmly as possible. This can be done by means of commercial tricks or authoritative decrees. The aim of both methods is to produce a kind of "one-way" Gestalt. In the former case we are induced to throw it away and buy another one as soon as possible, in the latter case we are forced to go one single way - be it forward to the future, in styling progress, be it back to the past, in evaluating history.

As meaning has to be poured into a message which is in principle empty, it can be intended to make communication especially meaningful and thus valuable. In such a case the message becomes more rhetorical than aesthetic. But one possibility remains open to us: to read rhetorical advice in a poetic manner too. However, the question is how free are we within a language at all.

We may agree e.g. with Michel Foucalt that there are systems which were here before us, and which determine us so far that "they think in us". (7/204) We may fell prisoners of semantic or syntactic structures. We may be impressed by the idea that everything is reducible according to Leibniz to 0 - 1. We may go down even to Parmenideian 0.

But we may give more attention to the unceasing and never definitive metamorphoses of the structures, e.g. to 1 - 2 - 3 of Vienna or to 1 - 2 - 3 - 4 of New Orleans. We may look for countless variations, transformations, and adaptions rather than for an alternative. We may share semiologists' conviction that we can shake a system of codes by every simple performance within this system. Interpreting Gestalten, we can keep our Weltanschauung swinging.

Obwohl so vieles vorherbestimmt zu sein scheint, sind wir imstande, nicht nur unsere natürliche Trägheit zu überwinden, sondern auch jegliche Rhetorik und die Macht von Systemen auszutricksen. Dafür brauchen wir Flexibilität, Interesse und Skepsis.

Freilich dürfen wir dabei weder die Relevanz der gesellschaftlichen Bedingungen, unter denen Kommunikation stattfindet, noch die Relevanz von Objekten und Ereignissen, die Ausgangspunkte für unsere Gestalttransposition oder Semiose sind, vergessen. Werke der Kunst und der Architektur sind für solche Operationen sehr geeignet. Natürlich hat das seinen Preis und die Originale mögen sehr teuer sein, aber Extras und Erweiterungen kosten dann nichts mehr. (Dein eigener Ersatz für etwas ist gratis. Wenn du willst, findest du in London lauter Piranesi-Kerker oder dekorierte Venturi-Enten.) Letztlich ist alles offen für eine Semiose. Nach U. Eco gibt es nur eine Ausnahme: unseren eigenen Tod. (23/74) Aber bis zum letzten Augenblick vor dem Ende verbleiben wir im Bereich der Semiotik. Und das mag der entscheidende Moment sein.

Es gibt einen eher leichten Weg, um pflichtgemäß zu sterben. Ideologien offerieren uns eine fiktive Sicherheit in Form von redundanten Botschaften mit prädeterminierten Konnotationen. Keine Doppeldeutigkeiten, keine Zweifel. Alles passt. Wir brauchen keine weiteren signifikanten Informationen mehr, wir folgen genau den Signalen und sind glücklich. (Wir haben bereits den Ersatz für alle potenziellen Gestalten in unserer versteinerten Weltanschauung gefunden.) Tatsächlich aber gehen wir ein Risiko ein, da wir nicht länger in der Lage sind, Gefahren zu erkennen. Wir werden sterben, so wie wir gelebt haben: mit zusammengebissenen Zähnen.

Es gibt eine Art zu leben, die manchmal hart sein kann, aber niemals langweilig. Diejenigen, die Gestalten zumindest bis zu einem gewissen Grad als offen betrachten, die an einer freien Kommunikation teilhaben, in welche das Spiel zwischen Signifikant und Signifikat miteinfließt, und die daher Veränderung – auch die ihrer eigenen Weltanschauung – unterstützen, sind die treibende Kraft für soziokulturelles Handeln. Wiewohl lebendige Seelen, sind sie unglücklicherweise auch nicht unsterblich. Das Ende eines semiotischen Rebellen bedeutet aber keineswegs das Ende der Semiose. Sein Tod ist ebenfalls ein semiologisches Faktum – für seine Kollegen. Er selbst stirbt, das letzte Glied einer endlosen konnotativen Kette auf den Lippen.

Es gibt aber noch eine andere Form des Todes: die Neuinterpretation von Anarchie. Wenn alles alles für dich bedeuten kann, dann hast du die Struktur deiner Codes – deiner Weltanschauung – bereits aufgelöst. Kommunikation, Kunst, Gestalt? Du brauchst das alles nicht mehr. Alles was du brauchst ist Leidenschaft. (Die Offenheit schließt sich selbst in ein schwarzes Loch ein wie ein ersatzloser Ersatz.) Du wirst weder Gefahr noch Schmerz empfinden. Das könnte es sein:

Though so much seems to be predetermined, we are able not only to overcome our natural inertia, but also to outwit all rhetoric and the power of systems. For this purpose we need flexibility, interest, and scepsis.

Certainly, we must not forget either the relevance of social conditions under which communication takes place, or the relevance of objects and events which are points of departure for our Gestalt transposition or semiosis. Works of art and architecture are very suitable bases for such operations. Obviously, some entrance fees have to be paid, and originals may be expensive, but encores and augmentations do not cost any more. (Your own Ersatz for something is gratis. If you want, you can find London full of Piranesi's carceri or Venturi's decorated ducks.) Finally, everything is open to a semiosis. According to U.Eco, there is only one exception: our own death. (23/74) But we spend the very second before our end in the realm of semiotics. And that might be the decisive moment.

There is quite an easy way to die dutifully. Ideologies offer us fictitious safety in the form of redundant messages with predetermined connotations. No ambiguity, no doubts. Everything fits in. We need no more significant information, we follow signals perfectly, and we are happy. (We have already found the Ersatz for all potential Gestalten in our fossiled Weltanschauung.) But in fact, we run a risk, as we are no longer able to recognize danger. We will die as we have lived: gritting our teeth.

There is a way of life which might sometimes be hard, but never tedious. Those who regard Gestalten at least to some degree as open, who take part in a free communication involving the interplay of signifiers and signifieds, and who thus support change, including that of their own Weltanschauung, are the moving power of sociocultural action. Unfortunately, though living souls, they are not immortal either. The end of a semiotic rebel does not mean the end of semiosis altogether. His death, too, is a semiological fact - for his colleagues. He himself dies with the last link of an endless connotative chain on his lips.

There is yet another kind of death: that of reinterpreting anarch. If everything can mean anything to you, you have already dissolved the structure of your codes - your Weltanschauung. Communication, art, Gestalt? You do not need them any more. All you need is passion. (The openness is closing itself into a black hole like an ersatzless Ersatz.) You will notice neither jeopardy nor pain. That might be -

Das glücklichste Ende.

The Happiest End.

        You are dying smiling
        yet infinitely loving
        the message of the noise
        that gestaltful formlessness
        anxious purports turned to slums
        perfectly annihilated clouds
        hotel-rooms in provincial towns
        as heights of decaying silence
        Dada to the utterance
        found in carefully ruined fragments
        nonsense thrived on decent crimes
        bleeding tears of crocodiles
        by the bye: beasts first, please
        but first of all ... all good-byes
        the clearly absurd trials
        attempting closing something

Abbildung 7: „Was gibt's, Hund?" – „Letzte Gestalt-Show" (J.T. 1978)

Figure 7: "What's Up, Dog?" - "Last Gestalt Show"   (J.T.1978)

Appendix I

M.B. VERBESSERT REMBRANDTS ZEICHNUNGEN

In seiner „Einführung in die Informationsästhetik" berichtet Max Bense von einer experimentellen Anwendung des mikroästhetischen Maßes auf Zeichnungen von Rembrandt. (17/146)

Mit der Absicht, zwei Tuscheskizzen von sitzenden Mädchen, von Rembrandt 1647 gezeichnet, zu vergleichen, legte Bense über beide ein quadratisches Raster. Er bestimmte die Hell-Dunkel-Bedeckungen der 240 Rasterflächen und deren relative Häufigkeit. Unter Verwendung der Birkhoff'schen Formel $M = R/H$ errechnete er den mikroästhetischen Wert der ersten Zeichnung mit = 0,0076, jenen der zweiten mit = 0,0167. Gemessen an diesen Resultaten hatte das zweite Blatt also ein mehr als doppelt so hohes ästhetisches Maß wie das erste.

Obwohl sich Benses Theorie nicht um das subjektive Urteil von Kunstkonsumenten kümmert, muss dennoch erwähnt werden, dass der Großteil jener Personen, die beide Zeichnungen betrachteten, die erste schöner fanden als die zweite. Das Rätsel löste sich, als bekannt wurde, dass der Rand des zweiten Bildes 35 Jahre nach seiner Entstehung beschnitten worden war. Zuvor hatte es einen weißen Randstreifen, was Bense in seine Berechnung offensichtlich nicht miteinbezogen hatte.

Bense reagierte auf diese Entdeckung, indem er am ersten Bild ebenfalls den Rand abschnitt und den ganzen Rechenprozess erneut durchführte. So erhielt er ein ästhetisches Maß, das höher war als jenes des zweiten Blattes, sodass nun seine Bewertung mit jener der öffentlichen Meinung übereinstimmte.

Der größte Vorteil von Benses Methode mag darin liegen, dass es möglich ist, sogar bei einem Meisterwerk den ästhetischen Wert um mehr als 100 Prozent zu steigern – einfach mit Hilfe eines Messers.

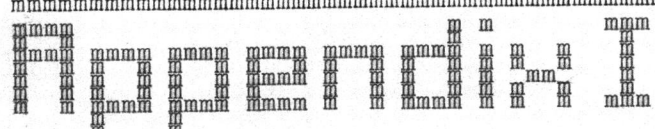

Appendix I

M.B. IMPROVES REMBRANDT'S DRAWINGS

In his "Introduction to the Information Aesthetics" Max Bense reports on an experimental application of the "microaesthetic measure" to drawings by Rembrandt. (17/146)

Intending to compare two ink-sketches of sitting girls, drawn by Rembrandt in 1647, Bense overlaid both of them with a grid net. He ascertained the black-white tonal values of the 240 grid squares and their relative frequencies. Using his Birkhoffian formula $M = R/H$, he calculated the microaesthetic value of the first drawing as 0,0076, that of the second one as 0,0167. According to these results, the second picture was approximately twice as aesthetic as the first.

Though Bense's theory does not deal with the subjectivities of art consumers, it is worth mentioning that the majority of those who looked at the two drawings liked the first one more than the second. The mystery of this discrepancy was plumbed when it became known that the edge was cut off the second picture 35 years after its creation. Previously it had a white edge which was obviously not taken into account by Bense.

Bense's reaction to this discovery was to cut off the edge of the first picture too, and to repeat the procedure of calculation. Thus he obtained an aesthetic measure which was higher than that of the second picture, so that his evaluation now corresponded with the public opinion.

The greatest advantage of Bense's method may be the possibility of increasing the aesthetic value of even a masterpiece by more than one hundred per cent just by using a knife.

Appendix II

K.M. LIEBT GRIECHISCHE KUNST

In seiner Einleitung zur „Kritik der politischen Ökonomie" behandelt Karl Marx den offensichtlichen Widerspruch zwischen dem hohen Standard der griechischen Kunst, die er sehr verehrte, und der schwachen Entwicklung der antiken Gesellschaft wie folgt:

„... die Schwierigkeit liegt nicht darin, zu verstehn, daß griechische Kunst und Epos an gewisse gesellschaftliche Entwicklungsformen geknüpft sind. Die Schwierigkeit ist, daß sie für uns noch Kunstgenuß gewähren und in gewisser Beziehung als Norm und unerreichbare Muster gelten." (19/8–9)

Die Erklärung, die Marx dafür liefert, basiert auf seiner Hypothese, dass die Anziehung, die antike Kunst auf uns ausübt, durch unser nostalgisches Gefühl gegenüber definitiv vergangenen Zeiten verursacht wird. „Sie hängt vielmehr unzertrennlich damit zusammen, daß die unreifen gesellschaftlichen Bedingungen, unter denen sie entstand und allein entstehn konnte, nie wiederkehren können." Sollten wir vielleicht den Verlust der Sklaverei beweinen? Marx zieht eine Parallele zwischen dem ästhetischen Vergnügen, das aus der griechischen Kunst erwächst, und dem Gefühl des Erwachsenen, wenn er sich an seine Kindheit erinnert. Sollten wir derart sentimental werden, wenn wir klassische Kunst betrachten?

Hier können wir viele Widersprüche entdecken: jenen zwischen der gesellschaftlichen Stufe und den jeweiligen kulturellen Äußerungen einer Gesellschaft; jenen zwischen dem Geschmack und der Intention einer Person; jenen zwischen der Effektivität einer Theorie und der Qualität eines einzelnen Arguments etc.

Es ist nicht schwer zu verstehen, dass Kunst nicht an bestimmte gesellschaftliche Formen gebunden werden kann. Schwer zu verstehen ist jedoch, warum wir auch Freude daran haben sollten, uns selbst in Eisen zu legen, z.B. in interpretierende Eisen.

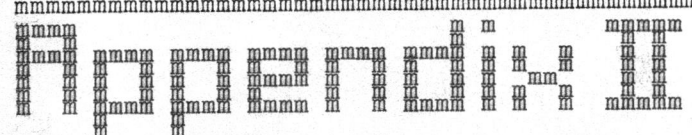

Appendix II

K.M. ENJOYS GREEK ART

In his introduction to "The Critique of Political Economy" Karl Marx treats the apparent contradiction between the high standard of Greek art, which he immensely appreciated, and the feeble development of ancient society: (19/6-9)

"It is not difficult to grasp the fact that Greek art and the Greek epic are linked to certain social forms. What is difficult to understand is why they also offer us esthetic pleasure and in a certain sense appear to be norms and matchless models."

The explanation given to us by Marx is based on his hypothesis that the attraction which ancient art has for us is caused by our nostalgia for times definitely past. "It is indissolubly linked with the fact that the rudimentary state of society in which this art was born, the only one in which it could be born, will never again recur." Should we perhaps mourn the loss of slavery? Marx draws a parallel between the aesthetic pleasure resulting from Greek art and the feelings of the adult when he recalls his childhood. Should we get so sentimental while looking at classical art?

Here we can observe many inconsistencies: that between the social level and the cultural contribution of a society; that between the taste and the intention of a person; that between the efficiency of a theory and the quality of a single argument; etc.

It is not difficult to grasp the fact that art cannot be fettered to certain social forms. What is difficult to understand is why we may also take pleasure in putting ourselves in irons, e.g. the interpretative ones.

Appendix III

H.H. TRANSPONIERT EINE LOOS'SCHE GESTALT

Im Herbst 1977 machte die AA Graduate School einen Ausflug nach South Wales. Er wurde von Roy Landau organisiert und in erster Linie war es eine Exkursion zu Kohleminen. Wir sahen die harte Arbeit der Bergarbeiter, konnten mit ihnen einige spezifische Fragen wie auch allgemeinere Probleme der Energiepolitik diskutieren und spazierten durch ihre stillen Dörfer, die versteckt in einer dramatischen Landschaft lagen. Das alles machte auf uns keinen besonders optimistischen Eindruck, aber es hatte einen Hauch von Idylle.

Anderntags tauchten wir in die Atmosphäre von Cardiff ein. Dort berichteten junge Architekten über die Grundbesitzverhältnisse und die Schwierigkeit städtischer Entwicklung; überall vermauerte Fenster zum Schutz vor Hausbesetzern, überall Zigeuner, die im Elend lebten. Es war ein langer, erschöpfender Tag, an dem wahrscheinlich jeder von uns Architektur als ausschließlich soziale Problematik sah – ein heftiges und sicher richtiges Gefühl.

Als wir in unsere Unterkunft außerhalb der Stadt zurückkehrten, war es bereits dunkel. Im Mondlicht spazierten wir die Küste entlang, betrachteten die Sterne und die raue See. Plötzlich sagte Hans Harms: „Schaut euch das an!"

Hinter uns auf einer Klippe stand ein einzelner weißer Kubus, etwas schräg zur Geländekante, und wies mit seinen glatten schwarzen Fensteröffnungen gleichermaßen nach links und nach rechts – ein ganz ungewöhnliches und überraschendes Bild in dieser Gegend, an diesem Tag und überhaupt. Alle nur denkbaren Kontraste schienen in diesem Augenblick in eins zu fallen. Und in der nächsten Sekunde fügte Hans hinzu: „Das könnte ein Haus von Adolf Loos sein, oder?"

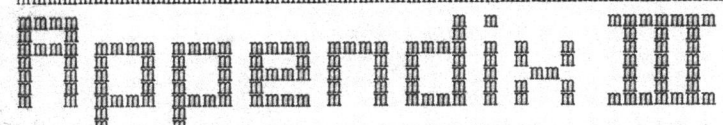

H.H. TRANSPOSES A LOOSIAN GESTALT

In the autumn of 1977 the AA Graduate School made a trip to South Wales. It was organized by Roy Landau and the main purpose was an excursion into coal mines. We saw the hard work of the miners, could discuss with them some specific questions as well as more general problems of energy-politics, went through their quiet villages hidden in a dramatic landscape. All that did not make a very optimistic impression, but it had a pinch of the idyllic.

Another day we sniffed the atmosphere of Cardiff. There were young architects talking to us about land-ownership and the difficulties of urban development, there were windows walled up against squatters, there were gipsies living in dirt. It was a long, exhausting day on which probably each of us considered architecture as a solely social problem - vehemently, and with good reason.

When we came back to our camp outside the town, it was already night. In the moonlight we walked on the coast, watching stars and the rude sea. Suddenly Hans Harms said: "Look at that!"

Just behind us, on a cliff, there was a solitary white cubical house, set diagonally to the natural scenery, displaying its plain dark windows equally to the left and right - a very unusual and surprising appearance in this region, on our day, and in general. All conceivable contrasts seemed to be compressed together into this moment. In the next second, Hans added: "That could be a house by Adolf Loos, couldn't it?"

Anmerkungen

1 Robert Harbison: Eccentric Spaces
  André Deutsch, London 1977
2 Martina Schneider (Hg.): Information über Gestalt. Textbuch für Architekten und andere Leute
  (Bauwelt Fundamente 44)
  Bertelsmann Fachverlag, Düsseldorf 1974
  S. 104 Martina Schneider: Über Gestaltqualitäten, Vorbemerkung
  S. 106 | S. 107 Christian von Ehrenfels: Über Gestaltqualitäten, 1890
  S. 109 | S. 111 | S. 113 | S. 117 Konrad Lorenz: Die Gestaltwahrnehmung als Konstanzleistung, 1959
  S. 123 Wilhelm Witte: Transformation als Schlüsselprinzip, 1961
  S. 128/a | S. 128–129/a Christian von Ehrenfels: Höhe und Reinheit der Gestalt, 1916
  S. 128/b | S. 128–129/b Christian von Ehrenfels: Über Gestaltqualitäten, 1890
  S. 129 Christian von Ehrenfels: Höhe und Reinheit der Gestalt, 1916
3a Godfrey Vesey: Perception
  (Open University Set Book)
  The Macmillan Press Ltd., London und Basingstoke, 1977
  S. 21–23 Zitat D. W. Hamlyn
3b Immanuel Kant: Kritik der reinen Vernunft
  Philipp Reclam jun., Stuttgart 1966
  S. B XXXIX–XL Vorrede zur 2. Auflage (1787)
4 Richard L. Gregory: Auge und Gehirn – zur Psychophysiologie des Sehens
  Rowohlt Verlag, Reinbek bei Hamburg 1991
  S. 8 | S. 92–94 R. L. Gregory
5a Wilhelm Dilthey: Das Wesen der Philosophie
  Felix Meiner Verlag (Philosophische Bibliothek), Hamburg 1984 (1907)
  S. 49 | S. 50 Wilhelm Dilthey
5b Wilhelm Dilthey: The Essence of Philosophy
  AMS Press, New York, 1969
  S. XI S. A. & W. T. Emery: Translaters' Preface

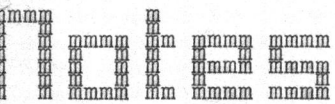

1 Robert Harbison: Eccentric Spaces
  André Deutsch, London, 1977
2 Martina Schneider (editor): Information über Gestalt
  Textbuch für Architekten und andere Leute
  (Bauwelt Fundamente 44)
  Bertelsmann Fachverlag, Düsseldorf, 1974
  p.104 Martina Schneider: Über Gestaltqualitäten, Vorbemerkung
  p.106 Christian von Ehrenfels: Über Gestaltqualitäten, 1890
  p.107 ib.
  p.109 Konrad Lorenz: Die Gestaltwahrnehmung als Konstanzleistung, 1959
  p.111 ib.
  p.113 Konrad Lorenz: Die "Schwächen" und die "Stärken" der Gestaltwahrnehmung, 1959
  p.117 ib.
  p.123 Wilhelm Witte: Transformation als Schlüsselprinzip, 1961
  p.128/a Christian von Ehrenfels: Höhe und Reinheit der Gestalt, 1916
  p.128-129/a ib.
  p.128/b Christian von Ehrenfels: Über Gestaltqualitäten, 1890
  p.128-129/b ib.
  p.129 Christian von Ehrenfels: Höhe und Reinheit der Gestalt, 1916
3 Godfrey Vesey: Perception
  (Open University Set Book)
  The Macmillan Press Ltd, London and Basingstoke, 1977
  p.21-23 quotation D.W.Hamlyn
  p.60 quotation I.Kant: Critique of Pure Reason
4 R.L.Gregory: Eye and Brain
  The Psychology of Seeing
  (World University Library)
  Weidenfeld & Nicolson, London, 1976
  p.8; p.92-94 R.L.Gregory
5 Wilhelm Dilthey: The Essence of Philosophy
  translated by S.A.& W.T.Emery
  AMS Press, New York, 1969

6   Alan Bullock, Oliver Stallybrass (Hg.):
  The Fontana Dictionary of Modern Thought
  Fontana/Collins, London 1977
  S. 673 Anthony Quinton: Weltanschauung
7   Günther Schiwy: Der französische Strukturalismus
  Mode. Methode. Ideologie
  Rowohlt Verlag (rde 310), Reinbek bei Hamburg 1973
  S. 204 | S. 206 Michel Foucault: Absage an Sartre, Interview mit Madeleine Chapsal, 1966
  S. 224 Hugo Friedrich: Strukturalismus und Struktur in literaturwissenschaftlicher Hinsicht
8   Alwin Diemer, Ivo Frenzel (Hg.): Philosophie
  (Das Fischer Lexikon FL 11)
  Fischer Verlag, Frankfurt am Main 1974
  S. 15 Alwin Diemer: Anthropologie
  S. 35 Alwin Diemer: Erkenntnistheorie
9   Bryan Magee: Karl Popper
  übersetzt von Arnulf Krais, J. C. B. Mohr (Paul Siebeck), Tübingen 1986
  S. 31 | S. 32 Zitat Karl Popper: Logik der Forschung
  S. 31/a Bryan Magee
  S. 32f/b Zitat Karl Popper: Vermutungen und Widerlegungen
  S. 32/b Bryan Magee
  S. 33/a Zitat Karl Popper: Vermutungen und Widerlegungen
  S. 57 Bryan Magee
  S. 68f Zitat Karl Popper in: Modern British Philosophy, hg. von Bryan Magee
10   Karl Popper: Ausgangspunkte. Meine intellektuelle Entwicklung
  übersetzt von Friedrich Griese, hg. von Manfred Lube
  Mohr Siebeck, Tübingen 2012
  S. 97 | S. 98–99 | S. 196 | S. 295–296 Karl Popper
11   A. Alvarez: The Savage God. A Study of Suicide
  Penguin Books, Harmonsworth, Middlesex 1975
  S. 17 Zitat Michael Bakunin

    p.xi S.A.& W.T.Emery: Translators' Preface
    p.40; p.41 Wilhelm Dilthey
6 <u>Alan Bullock, Oliver Stallybrass (editors): The Fontana Dictionary of Modern Thought</u>
    Fontana/Collins, London, 1977
    p.673 Anthony Quinton: Weltanschauung
7 <u>Günther Schiwy: Der französische Strukturalismus</u>
    Mode, Methode, Ideologie
    (rde)
    Rowohlt, Reinbek bei Hamburg, 1973
    p.204 Michel Foucalt: Absage an Sartre, Interview mit Madeleine Chapsal, 1966
    p.206 ib.
    p.224 Hugo Friedrich: Strukturalismus und Struktur in literaturwissenschaftlicher Hinsicht
8 <u>Alwin Diemer, Ivo Frenzel (editors): Philosophie</u>
    (Das Fischer Lexikon)
    Fisher, Frankfurt am Main, 1974
    p.15 Alwin Diemer: Anthropologie
    p.35 Alwin Diemer: Erkenntnistheorie
9 <u>Bryan Magee: Popper</u>
    (Fontana Modern Masters)
    Fontana/Collins, London, 1977
    p.32 quotation Karl Popper: The Logic of Scientific Discovery
    p.33/a Bryan Magee
    p.33/b quotation Karl Popper: Conjectures and Refutations
    p.33-34 quotation Karl Popper: The Logic of Scientific Discovery
    p.34/a quotation Karl Popper: Conjectures and Refutations
    p.34/b Bryan Magee
    p.57 Bryan Magee
    p.64 quotation Karl Popper in Modern British Philosophy, edited by Bryan Magee
10 <u>Karl Popper: Unended Quest</u>
    An Intellectual Autobiography
    Fontana/Collins, London, 1977
    p.70; p.71; p.193-194; p.196 Karl Popper
11 <u>A.Alvarez: The Savage God</u>
    A Study of Suicide
    Penguin Books, Harmondsworth, Middlesex, 1975
    p.17 quotation Michael Bakunin

12   F. E. Emery (Hg.): Systems Thinking
Pinguin Books, Harmondsworth, Middlesex 1975 (1969)
S. 17 A. Angyal: A Logic of Systems
S. 26 A. Angyal: System and Gestalt
S. 70 L. von Bertalanffy: The Theory of Open Systems in Physics and Biologie, 1950
S. 95 | S. 96 D. Katz und R. L. Kahn: Common Characteristics of Open Systems, 1966
S. 97/a | S. 97/b Zitat Stagner, 1951
S. 97/c Zitat Le Chatelier, 1956
S. 97/d Zitat Krech und Crutchfield, 1948

13   Jacques Monod: Zufall und Notwendigkeit. Philosophische Fragen der modernen Biologie
Deutscher Taschenbuchverlag (dtv 1069), München 1975
S. 110ff Kapitel Evolution

14   Prolegomena 9 (Gestaltung. Ziele Thesen Methoden)
Arbeitsblätter des Instituts f. Wohnbau und Entwerfen 3, TU Wien
3. Jahrgang, Heft 2, Mai 1974
S. 36–42 Paul Tesar: Umwelt, Erlebnis und Bewusstsein

15   Roald Dahl: Küßchen, Küßchen. Elf ungewöhnliche Geschichten
übersetzt von Wolfheinrich von der Mülbe
Rowohlt Verlag, Reinbek bei Hamburg 1962
S. 22–58 William und Mary

16   Paul Feyerabend: Wider den Methodenzwang. Skizze einer anarchistischen Erkenntnistheorie
Suhrkamp Verlag (Theorie), Frankfurt am Main 1976
S. 17 | S. 310–391 Paul Feyerabend
S. 310 Zitat B. L. Whorf

17   Rul Gunzenhäuser: Maß und Information als ästhetische Kategorien
Einführung in die ästhetische Theorie G. D. Birkhoffs und die Informationsästhetik
Agis Verlag, Baden-Baden 1975
S. 22 Zitat G. D. Birkhoff
S. 25 Rul Gunzenhäuser
S. 33 | S. 35 Zitat G. D. Birkhoff
S. 140 Rul Gunzenhäuser
S. 146 M. Bense: Einführung in die Informationsästhetik

18   Max Bense: Einführung in die informationstheoretische Ästhetik
Grundlegung und Anwendung in der Texttheorie
Rowohlt Verlag (rde 320), Reinbek bei Hamburg 1969
S. 8 Max Bense
S. 51 Zitat S. Maser
S. 53 Max Bense
S. 56 Zitat Rul Gunzenhäuser
S. 72 Max Bense

12 F.E.Emery (editor): Systems Thinking
   (Penguin Education)
   Penguin Books, Harmondsworth, Middlesex, 1975
   p.17 A.Angyal: A Logic of systems, 1941
   p.26 A.Angyal: System and Gestalt, 1941
   p.70 L.von Bertalanffy: The Theory of Open Systems in Physics
        and Biology, 1950
   p.95 D.Katz and R.L.Kahn: Common Characteristics of Open Systems,
        1966
   p.96 ib.
   p.97/a ib., quotation Stagner, 1951
   p.97/b ib.
   p.97/c ib., quotation Le Chatelier, 1956
   p.97/d ib., quotation Krech and Crutchfield, 1948
13 Jacques Monod: Zufall und Notwendigkeit
   Philosophische Fragen der modernen Biologie
   Deutscher Taschenbuchverlag, München, 1975
14 Prolegomena 9, Heft 2/1974, 3.Jahrgang, Mai 1974
   Institut für Wohnbau, Technische Universität Wien, 1974
   p.36-42 Paul Tesar: Umwelt, Erlebnis und Bewußtsein
15 Roald Dahl: Kiss Kiss
   Penguin Books, Harmondsworth, Middlesex, 1978
   p. 19-46 Roald Dahl: William and Mary
16 Paul Feyerabend: Wider den Methodenzwang
   Skizze einer anarchistischen Erkenntnistheorie
   (Theorie)
   Suhrkamp Verlag, Frankfurt am Main, 1976
   p.17; p.310; p.310-391 Paul Feyerabend
17 Rul Gunzenhäuser: Maß und Information als ästhetische Kategorien
   Einführung in die ästhetische Theorie G.D.Birkhoffs und die
   Informationsästhetik
   Agis Verlag, Baden-Baden, 1975
   p.22 quotation G.D.Birkhoff
   p.25 Rul Gunzenhäuser
   p.35 quotation G.D.Birkhoff
   p.140 Rul Gunzenhäuser
18 Max Bense: Einführung in die informationstheoretische Ästhetik
   Grundlegung und Anwendung in der Texttheorie
   (rde)
   Rowohlt, Reinbek bei Hamburg, 1969

19 Henri Arvon: Marxist Estetics
übersetzt von Helen R. Lane
Cornell University Press, Ithaca and London 1973
S. xi–xiii | S. xiv–xv | S. xxiii Frederic Jameson: Introduction
S. 2 Zitat Roger Giraudy
S. 2–3 Henri Arvon
S. 8–9 Zitat Karl Marx (nach: MLW, Kritik der ökonomischen Vernunft, Einleitung, 4. Produktion)
S. 18/a Zitat Leo Trotzki
S. 18/b | S. 21 | S. 115 | S. 116 Henri Arvon

20 Manfredo Tafuri: Kapitalismus und Architektur
Von Corbusiers „Utopia" zur Trabantenstadt
übersetzt von Thomas Bandholtz, Nikolaus Kuhnert und Juan Rodriguez-Lores
VSA Verlag für das Studium der Arbeiterbewegung GmbH, Hamburg/Westberlin 1977
S. 118 | S. 131 | S. 132 Manfredo Tafuri

21 Architectural Design, Vol. 47, No. 7–8, 1977
Architectural Design and Aeroshow Ltd., London
S. 461 Rob Maxwell replies: Form as an agent of change
S. 482 Geoffrey Broadbent: A Plain Man's Guide tot he Theory of Signs in Architecture

22 David Watkin: Morality and Architecture
The Development of a Theme in Architectural History an Theory
from Gothic Revival to the Modern Movement
Clarendon Press, Oxford 1977
S. 1 | S. 12 | S. 111 | S. 115 David Watkin

23 Umberto Eco: Einführung in die Semiotik
Wilhelm Fink Verlag (UTB 105), München 1972
S. 29 Zitat C. S. Peirce, 1934 (engl. in der dt. Ausgabe)
S. 68f | S. 74 Umberto Eco
S. 77 | S. 84/a Zitat C. S. Peirce (engl. in der dt. Ausgabe)
S. 84/b Zitat W. Goodenough, 1957 (engl. in der dt. Ausgabe)
S. 163 | S. 166 | S. 168 | S. 336 | S. 441 Umberto Eco

24 David Pears: Ludwig Wittgenstein
Deutscher Taschenbuch Verlag
(Moderne Theoretiker, hg. von Frank Kermode), München 1971
S. 11 Ludwig Wittgenstein

p.8 Max Bense
   p.51 quotation S.Maser
   p.53 Max Bense
   p.56 quotation R.Gunzenhäuser
19 <u>Henri Arvon: Marxist Esthetics</u>
   translated by Helen R.Lane
   Cornell University Press, Ithaca and London, 1973
   p.xi-xiii; p.xiv-xv; p.xxiii Frederic Jameson: Introduction
   p.2 quotation Roger Garaudy
   p.2-3 Henri Arvon
   p.18/a quotation Leon Trotsky
   p.18/b; p.21; p.115; p.116 Henri Arvon
20 <u>Manfredo Tafuri: Architecture and Utopia</u>
   Design and Capitalist Development
   translated by Barbara Luigia La Penta
   The MIT Press, Cambridge, Massachusetts, and London, 1976
   p.161; p.178; p.179 Manfredo Tafuri
21 <u>Architectural Design Vol.47, No.7-8, 1977</u>
   Architectural Design and Acroshaw Ltd, London, 1977
   p.461 Bob Maxwell replies: Form as an agent of change
   p.482 Geoffrey Broadbent: A Plain Man's Guide to the Theory of
         Signs in Architecture
22 <u>David Watkin: Morality and Architecture</u>
   The Development of a Theme in Architectural History and Theory
   from the Gothic Revival to the Modern Movement
   Clarendon Press, Oxford, 1977
   p.1; p.12; p.111; p.115 David Watkin
23 <u>Umberto Eco: Einführung in die Semiotik</u>
   Wilhelm Fink Verlag, München, 1972
   p.29 quotation C.S.Peirce, 1934
   p.69 Umberto Eco
   p.74 Umberto Eco
   p.77 quotation C.S.Peirce
   p.84/a ib.
   p.84/b quotation W.Goodenough, 1957
   p.163; p.166; p.168; p.336; p.441 Umberto Eco
24 <u>David Pears: Ludwig Wittgenstein</u>
   (Moderne Theoretiker)
   Deutscher Taschenbuch Verlag, München, 1971
   p.11 Ludwig Wittgenstein

25 Jan Mukařovský: Kapitel aus der Ästhetik
    Suhrkamp Verlag (edition suhrkamp 428), Frankfurt am Main, 1974
    S. 7–112 Jan Mukařovský: Ästhetische Funktion,
    Norm und ästhetischer Wert als soziale Fakten, 1936
    S. 38 Jan Mukařovský
    S. 43 Viktor Schklovskij
    S. 138 Jan Mukařovský: Die Kunst als semiologisches Faktum, 1934
26 Roland Barthes: Mythen des Alltags
    Suhrkamp Verlag (edition suhrkamp 92), Frankfurt am Main 1964;
    vollständige Ausgabe (suhrkamp taschenbuch 4338), Berlin 2010
27 Max Bense: Semiotische Prozesse und Systeme
    in Wissenschaftstheorie und Design, Ästhetik und Mathematik
    Agis Verlag, Baden-Baden 1975
    S. 13 Felix Hausdorff

25 Jan Mukařovský: Studie z estetiky
   Odeon, Praha, 1966
   p.17-53 Jan Mukařovský: Estetická funkce, norma a hodnota jako
         sociální fakty, 1936
   p.28 Jan Mukařovský
   p.29-30 Victor Shklovskiy
   p.85 Jan Mukařovský: L'art comme fait sémiologique, Actes du
         huitième Congrès international de philosophie à Prague 1934,
         Prague, 1936
26 Roland Barthes: Mythen des Alltags
   (Edition Suhrkamp)
   Suhrkamp Verlag, Frankfurt am Main, 1964
27 Max Bense: Semiotische Prozesse und Systeme
   in Wissenschaftstheorie und Design, Ästhetik und Mathematik
   Agis Verlag, Baden-Baden, 1975
   p.13 Felix Hausdorff

Nachwort

So wie sich die *Weltanschauung* in fortlaufender Destabilisierung vermeintlicher Gewissheiten einer eindeutigen Festschreibung entzieht, konnte auch ihr Autor seinen von Berufskonventionen abweichenden „Lebenslauf" vor Kurzschlüssen sichern, indem er ihn beispielsweise in die Absurdität einer Kurzbiografie kleidete. Auf der von Jan Turnovský gestalteten Einladungskarte zum Werkvortrag „Ein paar irrealisierte Projekte" vor der Zentralvereinigung der Architekten Österreichs am 20. Juni 1991 findet sich in dichtgedrängten Lettern folgende biografische Notiz:

„Jan Turnovský (Bruder des Poeten und Wissenschafters Dr. Evžen Turnovský) arbeitete als Double in Filmstudios Barrandov in Prag, als Zimmermann an Schalungen von Stahlbetonkonstruktionen in Čelákovice, als Werbegrafiker meist an Schallplatten-Covers, als Tenorsaxophonist beim internationalen Zirkus Humberto, ist Assistenzprofessor am Institut für Wohnbau, TU Wien (außerdem bestand bei ihm Verdacht auf Agenten- sowie Spionagetätigkeit)."[1]

Ungeachtet der Frage, ob hier Wesentliches oder Unerhebliches über sein Leben ausgesagt wird, offenbart der Autor im Subtext einiges – etwa seine Neigung zur Selbstironie, zu den Zufällen und Widersprüchlichkeiten des Alltagslebens sowie seinen Drang, formale und „weltanschauliche" Konventionen innerhalb der jeweiligen Textgattung spielerisch auszuhebeln, sei es nun in einem Gedicht, einer Kurzbiografie oder einer wissenschaftlichen Arbeit. Ob die in der damaligen Ankündigung geweckte Neugier, welche „Gestalt" sich wohl hinter dieser biografischen Notiz verbirgt, im (letztlich dreieinhalb Stunden dauernden) Vortrag gestillt werden konnte? Wohl kaum. Wer oder was die Person Jan Turnovský war, fällt in die Sphäre individueller, kaum vermittelbarer Erinnerung, die fachliche Wertschätzung von ehemaligen Kolleginnen und Freunden ist davon die äußerste Schicht.

1

Einladungskarte der ZV, Wien 1991, Nachlass Turnovský, Sammlung Az W. Schon Kent Kleinman hat über diese knappen biografischen Daten im Vorwort zur englischen Übersetzung des *Mauervorsprungs* reflektiert; Kent Kleinman: „Introduction", in: *The Poetics of a Wall Projection*. Übers. v. Kent Kleinman. Words 3, AA Publications, London 2009, S. 3–15: 3.

2

František Lesák in: „Jan Turnovský alias Turn ov Sky alias TUR. Die kleinen Unbestimmtheiten", in: *Integrazione. Denn Wahnsinn braucht Methode | Madness Needs Method. Jan Turnovský – Heidulf Gerngross – Rainer Köberl – Nelo Auer*. Ausst.-Katalog La Biennale di Venezia 2002 Österreich – Austria, hg. v. Dietmar Steiner. Anton Pustet Verlag, Salzburg–München 2002, S. 22.

Der Nachwelt hat Turnovský ein facettenreiches grafisches, aber vor allem schriftliches Werk hinterlassen, das kaum publiziert ist und einer genaueren Aufarbeitung harrt: Zeichnungen, Notizen und Bruchstücke zu einer unorthodoxen Theorie und Poetologie der Architektur, scheinbar beiläufig auf lose Blätter und Karteikarten skizziert. Neben umfangreichen Vorstudien zu seiner mittlerweile in drei Sprachen vorliegenden Dissertation *Die Poetik eines Mauervorsprungs* (1987) existiert im Nachlass, der sich in der Sammlung des Architekturzentrum Wien befindet, eine Vielzahl von aphoristischen Texten, Notaten, Gedichtzyklen, Vorlesungskonzepten, Exposés zu Vorträgen und vieles mehr, die belegen, „daß Turnovský all seine vielfältigen Interessen an der Sprachwissenschaft, Zeichentheorie, Philosophie, Erkenntnistheorie, Kunsttheorie und Poesie sowie an den Sinnwidrigkeiten des zivilen Lebens unter das Primat der Architektur stellte".[2]

Ein Teil dieser handschriftlichen „kleinen Unbestimmtheiten" war in eindrucksvoller Verdichtung 2002 im Österreich-Pavillon der Architektur-Biennale in Venedig ausgestellt,[3] die den Reiz des Fragmentarischen zelebrierte und in zahlreichen Ausstellungsbesuchern den Wunsch nach vertiefender Lektüre geweckt haben mag.

In diese Zeit fiel auch die erste Idee, eine Auswahl dieser Miniaturen architektonischen Denkens in einem Textband zu edieren, doch der Wunsch wurde zunächst von anderen Vorhaben verdrängt und die bereits begonnene Übersetzung eines rätselhaften, auf Englisch verfassten Typoskripts blieb liegen. Als wir Jahre später im Zuge der Gründung des Vereins diachron über mögliche Editionsprojekte diskutierten, kam auch der Name Jan Turnovský wieder ins Spiel. Die 1978|79 an der Architectural Association Graduate School in London verfasste Thesis *The Weltanschauung as an Ersatz Gestalt* entfachte in der erneuten Lektüre sofort Begeisterung und wir entschlossen uns, das Typoskript als Faksimile mit einer Übersetzung ins Deutsche herauszugeben.

Der inklusive Literaturangaben nur 58 Seiten umfassende Essay, der anhand von ausgewählten Beispielen die in den 1970er Jahren angesagten akademischen Diskurse als „magische Formeln" entlarvt, war an der AA von den Tutoren Royston Landau – von Turnovský als „sozialer Organisator" – und Hans Harms – als „unorthodoxer Marxist" bezeichnet – betreut worden. Der britische Architekt und Planungstheoretiker Roy Landau, der 1974 zum Director of Graduate Studies an die AA (wo er selbst studiert hatte) berufen worden war, war aufgrund seiner breit gefächerten Interessen für zahlreiche Studierende ein wesentlicher Impulsgeber. „Landau invited exotic outsiders to the AA"[4] – und er war mit Alvin Boyarsky[5] Teil jener formativen Periode, in der sich die AA von einer elitären Architekturschule in ein internationales Kraftzentrum verwandelte.

3
Ausstellung im Österreich-Pavillon, La Biennale di Venezia 2002; Kommissär des Österreich-Pavillons: Dietmar Steiner. Die Dokumente aus dem Nachlass wurden von Turnovskýs Freunden und Kollegen František Lesák, András Pálffy und Andreas Donhauser gesichtet, geordnet und in großformatigen Rahmen wandfüllend präsentiert. Beiträge im Katalog von František Lesák: „Das Futteral und der Knopf" und Sigrid Hauser: „Passepartout II".

Jan Turnovský kam also – dank eines Stipendiums des British Council und des Wissenschaftsministeriums – genau zum richtigen Zeitpunkt nach London und konnte hier in einem inspirierenden Milieu an seiner Thesis arbeiten (eine ähnlich offene Atmosphäre versuchte er dann später am Wohnbauinstitut der TU Wien zu schaffen). Der zweite Gutachter, der deutsch-holländische Architekt und Stadtplaner Hans Harms, war 1974 bis 1981 Senior Lecturer und Leiter des „Housing Studies Programme" an der AA. Im Rahmen des Kurses „Alternative Socialist Housing Policies" verfasste Turnovský im März 1978 bei ihm eine Arbeit über den Begründer des britischen Genossenschaftswesens Robert Owen und den französischen Gesellschaftstheoretiker Charles Fourier. Im Nachlass Turnovskýs befinden sich neben diesem Text mit dem Titel *Architecture of the Social(ist) Utopia* noch zwei weitere Typoskripte, die an der AA im Vorfeld und teilweise als inhaltliche Hinführung zur *Weltanschauung* entstanden sind: *Profession: Architect. A Paper by Jan Turnovský for the social organizations course with Royston Landau at the AA Graduate School in the Spring Term 1978* sowie *Architects Moving in Moving Space. A study by John Petrarca (Romanic American) and Jan Turnovský (Bohemian Austrian)*, ebenfalls vom März 1978.

In diesem bei Royston Landau im Rahmen des Kurses „Logic, Scientific Method and Methodology of Research" verfassten Essay werden unterschiedliche Auffassungen der Architekturprofession zunächst nach dem bewährten Schubladensystem („pigeon holes") untergliedert, die im Spannungsfeld zwischen ästhetischen Vorlieben und ethischen Ansprüchen innerhalb eines imaginären Koordinatensystems unterschiedliche Positionen einnehmen. Ästhetik und Ethik werden in weiteren bewusst pseudowissenschaftlichen Grafiken um die dritte Dimension der Pragmatik („brics") sowie um den Faktor Zeit ergänzt und schließlich in einem hyperbolischen Raumgebilde ad absurdum geführt. Turnovský kommt zu dem Schluss: „There is something, moving through Space and Time, which looks like a hopping triangle with a fluttering sail. That is the profession of *Architects moving in moving space* of architecture and its determinations, implications and evaluations. The stardust that falls on the sail makes it glitter..."[6]

4
Vgl. Francis Duffy: „Power behind an international architecture school", in: *The Guardian*, 20.11.2001. URL: http://www.theguardian.com/news/2001/nov/20/guardianobituaries.highereducation (17.12.2015).

5
Dem damaligen Chairman der AA dürfte Turnovský Wertschätzung entgegengebracht haben, widmete er ihm doch seine Thesis mit den Worten: „Für Alvin, Vorsitzender für sämtliche Manifestationen von Gestalt, Weltanschauung und Ersatz."

6
Jan Turnovský: *Architects Moving in Moving Space*, unveröffentlichtes Typoskript, London 1978, S. 24, Nachlass Turnovsky, Sammlung Az W.

7
Das „Knopf"-Werk wurde mehrfach publiziert| beschrieben, etwa von František Lesák (siehe Anm. 3) in *Integrazione*, S. 50–55 oder von Kent Kleinman in den *AA Files* #58 (2009).

Die in dieser Studie angewandte Form der bildsprachlichen poetischen Kritik, mit der Turnovský die damals aktuellen statistischen Planungsmethoden persiflierte, taucht auch in den Abbildungen der *Weltanschauung* auf, die Turnovský „Kleinprojekte als Anwendungsbeispiele" nennt. Das bekannteste dieser Kleinprojekte ist das bereits 1971 entstandene Blatt „Variable Attachment of a Prefabricated Element",[7] das 18 möglichen Varianten, einen Knopf mit vier Löchern anzunähen, 18 unterschiedliche „Weltanschauungen" – von konservativ, revolutionär und klerikal, über egalitär, pazifistisch und tektonisch bis zu dekadent, exzentrisch und unabhängig – zuordnet und damit zeigt, dass jeder „Gestalt" ein ideologisches Problem zugrunde gelegt werden kann. Den Gestaltbegriff leitet Turnovský von den Vorreitern der Gestalttheorie bzw. -psychologie wie Ernst Mach und Christian von Ehrenfels ab, wobei ihn vor allem die Relativität – also die Offenheit von Gestalt – interessiert. Indem er die „Gestalt" mehr und mehr mit der auf die Philosophie Wilhelm Diltheys zurückgeführte „Weltanschauung" überlagert, führt Turnovský ihre wechselseitige Abhängigkeit vor. Über diese bis zur Austauschbarkeit der Begriffe gehende Interdependenz schreibt er in einer Zusammenfassung der Thesis:

„Am Wahrnehmen (d.h. Herstellen) von Gestalten ist (kollektive, zeitgemäße usw.) Weltanschauung wesentlich beteiligt, andererseits bietet eine individuelle Weltanschauung die Möglichkeit, Gestalten anders zu sehen als vorgesehen, sie aus gegebenen Stimuli anders als gewohnt zu konstruieren.

Drei Arten von ‚magischen Formeln', die – besonders in den 70er Jahren – auch in der Architektur reichlich Anwendung fanden und (nicht zuletzt an der AA) einander konkurrierten, werden hier kritisch untersucht; es handelt sich dabei um die beschwörenden Terminologien und Formeln der numerischen Ästhetik, der (wie auch immer ausgerichteten) Ideologie und schließlich der Semiologie."[8]

Die „magischen Formeln", wie sie etwa im „mikroästhetischen Maß" von G. D. Birkhoff oder in der „informationsästhetischen Theorie" von Max Bense zur Anwendung kommen, werden in ihrem Totalitätsanspruch ebenso demontiert wie die marxistische Doktrin und die Spitzfindigkeiten der Semiologie eines Ferdinand de Saussure, Charles Sanders Pierce oder Umberto Eco. Doch Turnovskýs originelle Zerlegungen dieser theoretischen Modelle sind nicht nur witzig-destruktive Kunstgriffe, vielmehr sieht er in ihnen – als temporäre Konstruktionen von „offenen Systemen" – durchaus legitime Momentaufnahmen von „Weltanschauung". Diese kritische Offenheit aktualisiert Turnovskýs – den damals populären Theorierahmen reflektierenden – Essay abseits seiner Originalität und poetischen Qualität auch für den heutigen Diskurs, der mit zeichentheoretischen Überlegungen und „offenen Systemen" abgeschlossen zu haben schien. Turnovský ruft in Erinnerung, was bei oberflächlicher Betrachtung allzu einfach klingt: „Wir können Architektur machen, indem wir Gebäude bauen", schreibt er im Kapitel „Magische Formeln III. Die belebte Gestalt", „und wir können Architektur machen, indem wir deren Bedeutung verändern. Eine andere Interpretation ist eine andere Architektur."[9]

Indem der Autor den fragilen Verästelungen des Gefüges zwischen „Weltanschauung" und „Gestalt" nachgeht, lässt er erahnen, dass die einzige Chance, relevante Werke zu erfassen oder zu erschaffen, in der Anstrengung besteht, Gestalten, Weltanschauungen und auch deren „Ersatz" permanent in Schwebe zu halten.

Ob es sich bei der *Weltanschauung* nun um einen wissenschaftlichen Text handelt oder um ein großartiges Stück Literatur oder um beides, mögen sich bereits die beiden Tutoren der Thesis gefragt haben. In seinem *Submission Assessment* vom 29. Jänner 1980 beschreibt Roy Landau den Text als epischen Streifzug durch verschiedene Ideengebiete, lobt die Imaginationskraft des Autors und merkt mit verhaltener Kritik an: „Your theory building seems to be in the rationalist tradition and your criticism in the relativistic tradition." Doch nach der Lektüre des Texts kommt er zur Schlussbemerkung, der man sich vorbehaltlos anschließen kann: „Your writing was clear, at times very funny – and your illustrations were ‚magnificent' – it was a pleasure to read."[10]

Die „pleasure to read" wurde für die Herausgeberinnen zum Ansporn. Die Übersetzung des englischen Originals ins Deutsche war ebenso vergnüglich wie herausfordernd. Auf kapitelweise aufgeteilte Rohübersetzungen folgten die kritische Lektüre des gesamten Texts und mehrere nächtelange Sitzungen zu dritt, wo wir um jede einzelne Formulierung rangen und mehrfach Verbesserungen vornahmen. Sämtliche in der Thesis herangezogene Literatur wurde nach Möglichkeit im Original (und zurückgreifend auf Turnovskýs eigene Bibliotheksbestände mit ihren zahlreichen handschriftlichen Annotationen) oder in der autorisierten deutschen Fassung ausgehoben, sodass Zitate nur im Ausnahmefall von uns selbst übersetzt werden mussten. Die größte Herausforderung, abgesehen von der Komplexität der Materie, bestand für uns darin, den richtigen „Ton" zu treffen, ist doch das Englisch von Jan Turnovský sowohl tschechisch als auch österreichisch gefärbt. Es erschien uns abwegig, kleine charmante Schiefheiten im Original in der Übersetzung nachzustellen, dennoch ging es in den intensiven Diskussionen immer um viel mehr als nur die sinnrichtige Übertragung des Wortlauts, die an sich schon schwer genug fallen kann. Wie für den Autor war es auch für uns „nicht leicht, das Legere zu erreichen; es liegt weit entfernt vom Schlampigen. Der Weg dorthin tangiert Territorien namens Pedanterie."[11]

[8]
Lebenslauf und Schriftenverzeichnis, unveröffentlichtes Typoskript, Nachlass Turnovský, Sammlung Az W.

[9]
im vorliegenden Buch, S. 88.

[10]
Submission Assessment von Roy Landau, AA, London 29.01.1980, unveröffentlichtes Typoskript, Nachlass Turnovský, Sammlung Az W.

[11]
Jan Turnovský: „Norm", in: *Integrazione*, S. 42.

Die allenfalls vorhandenen Mehrdeutigkeiten in der deutschen Fassung werden durch den Umstand entlastet, dass von Anfang an klar war, das originale Typoskript abdrucken (und die darin enthaltenen Flüchtigkeitsfehler im Deutschen stillschweigend korrigieren) zu wollen, um den ästhetischen Reiz des Dokuments in seiner Gesamtheit transportieren zu können. Die Vorlage wurde sorgfältig gescannt und mit Formatüberfüllern versehen, sodass die originalen Proportionen unverfälscht erhalten blieben. Die Verkleinerung der Seiten auf 80 Prozent ergab sich aus dem Wunsch, beide Schrifttypen in ein angemessenes Proportionsverhältnis zu setzen und das lapidare DIN A4-Paper bei unverminderter Lesbarkeit in eine adäquate Buchgestalt zu übertragen.

An dieser Stelle bedanken wir uns sehr herzlich bei Clemens Theobert Schedler, der dieses Projekt mit großer Solidarität mitgetragen hat und dessen Erfahrung und Kompetenz in gestalterischer und produktionstechnischer Hinsicht wesentlich für die gelungene Umsetzung dieser Publikation waren. Unterstützt wurde er von Elmar Bertsch und Boris Bonev, die sich der Vorbereitung des Originals für den Faksimiledruck gewidmet haben – ihnen sowie unserem Übersetzer ins Englische, Brian Dorsey, gilt unser besonderer Dank.

Die Schlankheit des Manuskripts steht im umgekehrten Verhältnis zu den Herausforderungen, aber auch zur großzügigen Unterstützung, die dieses Projekt auf materieller und immaterieller Ebene erfahren hat: Wir bedanken uns daher sowohl bei den Freundinnen und Freunden, der Kollegenschaft und den ehemaligen Studierenden von Jan Turnovský, die uns mit größtem Wohlwollen und Engagement auf unserem Weg zur *Weltanschauung* begleitet und uns immer wieder mit wertvollen Informationen und Detailkenntnissen aus dem Leben und Wirken des Autors versorgt haben, als auch bei Lia Wolf, die uns ihr großartiges Cabinet für erste „Strategiebesprechungen" mit Wegbegleitern und Wegbegleiterinnen des Autors zur Verwirklichung unseres Vorhaben zur Verfügung gestellt hat.

Weiters möchten wir all jenen Bekannten und Unbekannten, die die Finanzierung der Publikation entweder über Crowdfunding oder direkt ermöglicht haben, ebenso danken wie dem Institut für Wohnbau und Entwerfen der TU Wien, dem Bundeskanzleramt und dem Tschechischen Zentrum Wien, die wichtige Fördermittel zur Verfügung gestellt bzw. durch organisatorische Unterstützung einen Beitrag geleistet haben.

Schließlich gilt unser Dank für ihr bestärkendes Entgegenkommen den Verwandten Jan Turnovskýs, insbesondere seiner Nichte Magdaléna Turnovská, dem Architekturzentrum Wien, das uns auf unbürokratische Weise den Zugang zum Nachlass ermöglichte, sowie dem Verlag Park Books, der dieses nicht alltägliche Buch mit großer Begeisterung in sein Programm aufgenommen hat.

Für diachron ist dieses Publikationsvorhaben besonders wertvoll, hat es uns im Arbeitsprozess doch nicht nur Freude, Anstrengung und neue Erfahrungen bereitet, sondern auch unsere Weltanschauung und Gestaltwahrnehmung „für immer" verändert.

Nach einigen Überlegungen haben wir uns zuletzt durchgerungen, das finale Gedicht von Jan Turnovský unübersetzt zu lassen, obwohl unsere zahlreichen Variationen zu einem Thema gewiss zur Erheiterung der Leserschaft beigetragen hätten. Es erschien uns aber schließlich legitim und dem Projekt angemessen, dass wir uns die Freiheit nehmen und *The Happiest End* für uns behalten.

•

Gabriele Kaiser

Jan Turnovský
Biografie

23. Juni 1942	geboren in Prag
1959	Reifeprüfung am Jan-Neruda-Gymnasium in Prag
1959–1962	Studium der Architektur an der TU Prag (CVUT)
parallel dazu	Zimmermannslehre
1962–1965	Studium der Architektur an der Akademie der bildenden Künste in Prag, Meisterklasse Prof. Jaroslav Fragner
1966	Diplomarbeit und Studienabschluss
parallel dazu	beschäftigt im Staatlichen Institut für die Rekonstruktion historischer Städte und Gebäude, Prag
Juli 1966	Emigration nach Wien
1966–1975	Büro- und Baustellenpraxis in Wiener Architekturbüros
parallel dazu	Teilnahme an Wettbewerben „Wohnen morgen" (4 × Ankauf)
1970	Nostrifizierung des Diploms an der Akademie der bildenden Künste in Wien, Meisterschule Prof. Ernst A. Plischke
Jänner 1971	österreichische Staatsbürgerschaft
1972	Ziviltechnikerprüfung
ab 1975	Universitätsassistent am Institut für Wohnbau, TU Wien bei Prof. Reinhard Gieselmann
1977–1978	Studium an der Architectural Association Graduate School in London (Stipendium des Bundesministeriums für Wissenschaft und Forschung und des British Council)
1980	Abschluss des Postgraduate-Studiums mit der Master-Thesis *The Weltanschauung as an Ersatz Gestalt*
1985	Abschluss des Doktoratsstudiums an der TU Wien mit der Dissertation *Die Poetik eines Mauervorsprungs*
1985–1989	Universitätslektor für das Fach „Elemente und Syntax des Wohnbaus"
1989–1991	Assistenz-Professor am Institut für Wohnbau, TU Wien
1991	Gastprofessor an der University of Michigan, Ann Arbor, USA, Leitung eines Entwurfsstudios
ab März 1992	stellvertretender bzw. provisorischer Vorstand des Instituts für Wohnbau, TU Wien, Leitung der Entwerfen-Programme
25. Oktober 1995	Freitod in Wien

**Jan Turnovský
Bibliografie Primärtexte
Auswahl**

„Architektur als Notwendigkeit", in: *Israel = Prolegomena* 20, 6. Jg. | Heft 1 | März 1977. Arbeitsblätter des Instituts für Wohnbau und Entwerfen 3 an der Technischen Universität Wien. Hg. v. Reinhard Gieselmann. S. 4–9.

Architects Moving in Moving Space. Paper, unpubl. Typoskript, AA, London, March 1978.

Architecture of the Social(ist) Utopia. Paper, unpubl. Typoskript, AA, London, March 1978.

Profession: Architect. Paper, unpubl. Typoskript, AA, London, Spring Term 1978.

The Weltanschauung as an Ersatz Gestalt. Thesis, AA, London, Typoskript, 1978|79; Park Books, Zürich 2016.

Tadao Ando. Red. Jan Turnovský, hg. anlässlich der Ausstellung von Tadao Andos Werk im Haus Wittgenstein, 11. 01.–01. 02. 1985, Wien 1985.

Die Poetik eines Mauervorsprungs. Essay. Bauwelt Fundamente 77, Vieweg Verlag, Braunschweig| Wiesbaden 1987. Sonderdruck Architekturzentrum Wien, 1997.

„Potentialfunktion neuer Architektur oder Ein Pomfrit auf den Lippen. Applikative Rezension", in: UM BAU 12. Hg. v. Österreichische Gesellschaft für Architektur, Wien September 1990, S. 109–118.

„Zur Festschrift für Reinhard Gieselmann", S. 9–11 und „Anlaß war schon da", S. 115, in: *Bewohnbare Architektur. Festschrift für Reinhard Gieselmann.* Red. Jan Turnovský | Hg. Institut für Wohnbau, TU Wien. Picus Verlag, Wien 1990.

„Notizen zu Architektur für Kunst, zu einer Architektur für wirkliche Kunst | Notes on Architecture for Art, on an Architecture for Real Art", in: *EA-Generali Foundation, Wiedner Hauptstraße 15 | Frankenberggasse 9, 1040 Wien.* Hg. v. Sabine Breitwieser, Wien 1992, o. S.

„Jan Turnovský alias Turn ov Sky alias TUR. Die kleinen Unbestimmtheiten | The Minor Indeterminables", zusammengestellt von František Lesák, in: *Integrazione. Denn Wahnsinn braucht Methode | Madness Needs Method. Jan Turnovský – Heidulf Gerngross – Rainer Köberl – Nelo Auer.* Ausst.-Katalog La Biennale di Venezia 2002 Österreich – Austria. Hg. v. Dietmar Steiner. Anton Pustet Verlag, Salzburg–Wien 2002, S. 22–49.

Poetika zedního výstupku. Přel. [übers. v.] Evžen Turnovský. Akademie výtvarných umění [Akademie der bildenden Künste], Praha 2004.

The Poetics of a Wall Projection. Translated by Kent Kleinman. Words 3, AA Publications, London 2009.

Jan Turnovský gestaltete und betreute redaktionell viele Ausgaben der Institutszeitschrift *Prolegomena*, worin er ebenso wie in anderen Fachzeitschriften *(architektur aktuell, bauforum…)* Beiträge – zumeist über Studienarbeiten an der TU Wien publizierte.

Epilogue

Just as the *Weltanschauung* eludes a clear determination in the continuous destabilisation of supposed certainties, its author could also protect his "curriculum vitae," which deviates from professional conventions, from false conclusions by dressing it, for example, in the absurdity of a short biography. On the invitation card designed by Jan Turnovský for the lecture entitled "Ein paar irrealisierte Projekte" ("A Few Irrealised Projects") in front of the Austrian Architects Association on 20 June 1991, the following biographical note is found in densely packed letters:

"Jan Turnovský (brother of the poet and scholar Dr. Evžen Turnovský) has worked as a double at Barrandov Film Studios in Prague, as a carpenter for concrete formwork in Čelákovice, as a graphic designer, mainly on album covers, and as a tenor saxophonist for the international Zirkus Humberto, and is currently assistant professor at the Institute of Housing at the TU Wien (and has been suspected of being a secret agent/spy).[1]

Irrespective of the question whether anything essential or insignificant will be divulged about his life, the author reveals a number of things in the subtext—such as his propensity toward self-irony, toward the coincidences and discrepancies of everyday life, as well as his urge to playfully leverage formal and "worldview" conventions within the respective text genre, be it in a poem, a short biography or a scholarly work. Could the curiosity awakened in the announcement back then about which "Gestalt" is probably concealed behind this biographical note be satisfied in the lecture (that ultimately lasted three-and-a-half hours)? Hardly likely. Who or what the person Jan Turnovský was falls into the sphere of individual, scarcely communicable memory; the professional appreciation of former colleagues and friends is its outermost layer.

[1] Invitation card of the Austrian Architects Association, Vienna, 1991, Turnovský Estate, Architekturzentrum Wien Collection. Kent Kleinman already reflected about this scant biographical data in the preface to the English translation of the *Mauervorsprung*; Kent Kleinman, "Introduction," *The Poetics of a Wall Projection* (Words 3). Trans. Kent Kleinman. London: AA Publications, 2009, pp. 3–15: 3.

[2] František Lesák, in "Jan Turnovský alias Turn ov Sky alias TUR. The Minor Indeterminables", *Integrazione. Denn Wahnsinn braucht Methode | Madness Needs Method. Jan Turnovský – Heidulf Gerngross – Rainer Köberl – Nelo Auer.* Exhibition Catalogue La Biennale di Venezia 2002 Österreich – Austria. Dietmar Steiner (ed.). Salzburg–Vienna: Anton Pustet, 2002, p. 23.

Turnovský left a multifaceted graphical, but above all, written work to posterity, one that has hardly been published and awaits a more precise reappraisal: drawings, notes and fragments on an unorthodox theory and poetology of architecture, apparently sketched incidentally on loose sheets of paper. Besides the extensive preliminary studies to his dissertation *Die Poetik eines Mauervorsprungs* (*The Poetics of a Wall Projection*), published in 1987 and meanwhile available in three languages, a large number of aphoristic texts, notations, cycles of poems, lecture concepts, exposés on speeches and much, much more exist in his estate, which is located in the Architekturzentrum Wien Collection. These prove "that Turnovský pursued all of his many and varied interests in linguistics, the theory of signs, philosophy, art theory and poetry as well as the absurdities of everyday life primarily in the context of architecture".[2]

A part of these handwritten "minor indeterminables" was exhibited in an impressive agglomeration at the Austria Pavilion of the 2002 Architecture Biennale in Venice,[3] which celebrated the attraction of the fragmentary and may have awakened the wish for more in-depth reading in numerous exhibition visitors.

3
Exhibition at the Austrian Pavilion, La Biennale di Venezia, 2002; commissioner of the Austrian Pavilion: Dietmar Steiner. The documents from the estate were examined and organised by Turnovský's friends and colleagues František Lesák, András Pálffy and Andreas Donhauser, and presented in large-sized, wall-filling frames. Articles on Jan Turnovský in the catalogue were written by František Lesák, "The Sheath and the Button" and Sigrid Hauser, "Passe-Partout II".

During this time the first idea to edit a selection of these miniatures of architectonic thought came to mind, but the desire was supplanted by other intentions and the already begun translation of an enigmatic English typescript was set aside. Years later, while discussing about possible edition projects in the course of the founding of the Diachron association, the name Jan Turnovský came into play again. Written in 1978|79 at the Architectural Association Graduate School in London, the thesis *The Weltanschauung as an Ersatz Gestalt* immediately aroused enthusiasm when read anew and we decided to publish the typescript as a facsimile with a German translation.

Only 58 pages long including the bibliography, the essay debunks the trendy academic discourses in the 1970s as "magic formulas" on the basis of selected examples. It was supervised at the AA by the tutors Royston Landau—referred to by Turnovský as "social organizationist"—and Hans Harms—"unorthodox Marxist". The British architect and planning theoretician Roy Landau, who had been appointed in 1974 as Director of Graduate Studies at the AA (where he himself had studied), was a crucial instigator for numerous students on account of his widely varied interests. "Landau invited exotic outsiders to the AA",[4]—and together with Alvin Boyarsky[5] he was part of that formative period in which the AA transformed from an elite architecture school into an international powerhouse.

Jan Turnovský thus came—thanks to a scholarship from the British Council and the Austrian Ministry of Science—at exactly the right point in time to London and could work in inspiring surroundings on his thesis (later he tried to create a similarly open atmosphere at the Institute of Housing at the TU Wien). The second assessor, the Dutch-German architect and urban planner Hans Harms, was Senior Lecturer and Head of the Housing Studies Programme at the AA from 1974 to 1981. In the scope of the course "Alternative Socialist Housing Policies", Turnovský authored a paper on the founder of the British cooperative movement Robert Owen, and the French social theoretician Charles Fourier in March 1978. In addition to this text, entitled *Architecture of the Social(ist) Utopia*, two further typescripts that originated at the AA in the run-up and partially as a content-related introduction to *Weltanschauung* are found in Turnovský's estate: *Profession: Architect. A Paper by Jan Turnovský for the social organizations course with Royston Landau at the AA Graduate School in the Spring Term 1978* as well as *Architects Moving in Moving Space. A study by John Petrarca (Romanic American) and Jan Turnovský (Bohemian Austrian)*, likewise from March 1978.

In this essay, written as part of the "Logic, Scientific Method and Methodology of Research" course held by Royston Landau, various perceptions of the architecture profession are first subdivided according to the tried and tested pigeonholes, which take up differing positions between the poles of aesthetic preferences and ethical claims within an imaginary coordinate system. Aesthetics and ethics are supplemented in further consciously pseudoscientific graphs by the third dimension of pragmatism ("brics"), as well as by the factor of time and finally reduced to absurdity in a hyperbolic spatial structure. Turnovský comes to the conclusion: "There is something, moving through Space and Time, which looks like a hopping triangle with a fluttering sail. That is the profession of *Architects moving in moving space* of architecture and its determinations, implications and evaluations. The stardust that falls on the sail makes it glitter…"[6]

4
Cf. Francis Duffy, "Power behind an international architecture school," *The Guardian*, 20 Nov. 2001. URL: http://www.theguardian.com/news/2001/nov/20/guardianobituaries.highereducation (17. 12. 2015).

5
Turnovský might have shown appreciation for the then-chairman of the AA, since he dedicated his thesis to him with the words: "to Alvin, chairman of all possible manifestations of Gestalt, Weltanschauung, and Ersatz".

6
Jan Turnovský, *Architects Moving in Moving Space*, unpublished typescript, London 1978, p. 24, Turnovský Estate, Architekturzentrum Wien Collection.

7
The "button" work was published|described several times, for instance, by František Lesák (see note 3) in *Integrazione*, pp. 50–55 or by Kent Kleinman in the AA Files #58 (2009).

The form of pictorial poetic criticism applied in this study, with which Turnovský satirised the statistical planning methods en vogue at that time, also emerges in the illustrations of the *Weltanschauung*, which Turnovský calls "small projects as application examples". The most well-known of these small projects is the sheet "Variable Attachment of a Prefabricated Element",[7] drawn already in 1971, which assigns 18 possible variants to sew on a four-holed button 18 different ways of "Weltanschauung" —from conservative, revolutionary and clerical, to egalitarian, pacifist and tectonic, to decadent, eccentric and independent— and thus shows that each "Gestalt" can take an ideological problem as a basis. Turnovský derives the notion of Gestalt from the vanguards of Gestalt theory, resp., Gestalt psychology like Ernst Mach and Christian von Ehrenfels, whereby the relativity—that is, the openness of Gestalt—particularly interested him. By superimposing "Gestalt" more and more with the "Weltanschauung" ascribed to the philosophy of Wilhelm Dilthey, Turnovský demonstrates their mutual dependency. He writes about this interdependency, which goes all the way to the exchangeability of the terms, in a summary of the thesis:

"Weltanschauung (collective, contemporary,etc.,) is significantly involved in the perception (i.e., producing) of Gestalts; on the other hand, an individual Weltanschauung offers the possibility to see Gestalts differently than envisaged, to construct them differently than usual from given stimuli.

Three types of 'magic formulas', which— especially in the 1970s—also found ample application in architecture and competed with each other (not least at the AA), are critically examined here; it is a matter of the conjuring terminologies and formulas of numeric aesthetic, of (howsoever oriented) ideology and, finally, of semiotics".[6]

The "magic formulas", as they are applied, for instance, in the "microaesthetic measure" of G. D. Birkhoff or in Max Bense's "theory of information aesthetics", are equally stripped of their claim to totality as are Marxist doctrine and the subtleties of the semiotics of Ferdinand de Saussure, Charles Sanders Pierce or Umberto Eco. Yet Turnovský's original dissections of these theoretical models are not only wittydestructive artifices. He rather sees in them— as temporary structures of "open systems"— completely legitimate snapshots of "Weltanschauung". This critical openness makes Turnovský's essay—reflecting upon the popular theoretical frameworks of the day—apart from its originality and poetic quality, current as well for present-day discourse, which seems to have put semiotic considerations and "open systems" behind it. Turnovský calls tomind what sounds all too simple when observed superficially: "We can make architecture in the course of building buildings", he writes in the chapter "Magic Formulas III. The Enlivened Gestalt", "and we can make architecture in the course of changing their meanings. Another interpretation is another architecture".[9] By tracing the fragile branching of the structure between "Weltanschauung" and "Gestalt", the author portends that the only chance to conceive or to create relevant works consists in the effort to permanently keep Gestalt and Weltanschauung as well as their "Ersatz" in suspension.

Whether *Weltanschauung* is a scholarly text, a grand piece of literature, or both may have already been asked by the tutors of the thesis. In his *Submission Assessment* of 29 January 1980, Roy Landau describes the text as an epic foray through different fields of thought, praises the imaginative force of the author and mentions with cautious criticism: "Your theory building seems to be in the rationalist tradition and your criticism in the relativistic tradition". However, after reading the text he comes to the concluding remark that one can unconditionally subscribe to: "Your writing was clear, at times very funny—and your illustrations were 'magnificent'—it was a pleasure to read".[10]

The "pleasure to read" became an incentive for the editors. The translation of the English original into German was equally pleasurable as it was challenging. Rough translations divided into chapters were followed by the critical reading of the whole text and several night-long sessions where all three of us grappled with each individual formulation and made multiple corrections. All of the literature consulted in the thesis was dug out wherever possible in the original versions (and drawn from Turnovský's own library stocks with their numerous handwritten annotations) or in the authorised German version, so that quotes only had to be translated by us in exceptional cases. Aside from the complexity of the material, the greatest challenge for us consisted in striking the right "note", since Jan Turnovský's English is Czech- as well as Austrian-tinged. It appeared odd to us to simulate the small, charming obliquities in the original text in the translation. Nonetheless, our intensive discussions always concerned much more than just the right transmittal of the wording, which can be difficult enough by itself. For the author, as well as for us, it was "not easy to arrive at such nonchalance, it is far removed from sloppiness. The way there tangentially touches a territory called pedantry".[11]

[8] Curriculum vitae and publication list, unpublished typescript, Turnovský Estate, Architekturzentrum Wien Collection.

[9] In this book, p. 89|42.

[10] *Submission Assessment* of Roy Landau, AA, London, 29 January 1980, unpublished typescript, Turnovský Estate, Architekturzentrum Wien Collection.

[11] Jan Turnovský, "Norm", *Integrazione*, p. 43.

The existing ambiguities in the German version are balanced by the fact that it was clear from the beginning that we would reproduce the original typescript (and tacitly correct the slips of the pen contained therein in German), since we wanted to transport the aesthetic allure of the document in its entirety. The master copy was carefully scanned and bled, so that the original proportions remain unadulterated. The reduction of the pages to 80 percent resulted out of the desire to set both fonts in a suitable proportional ratio and to transfer the succinct DIN A4 *paper* into an adequate book design with unimpaired readability.

At this point we would like to warmly thank Clemens Theobert Schedler, who backed this project with great solidarity and whose experience and competence regarding design and production technology were crucial for the successful realisation of this publication. He was supported by Elmar Bertsch and Boris Bonev, who prepared the original document for the facsimile print—we would particularly like to express our gratitude to them as well as to our translator into English, Brian Dorsey.

The slimness of the manuscript stands in inverse proportion to the challenges, but also the tremendous support this project experienced on a material and immaterial level: We therefore thank not only the friends, colleagues and former students of Jan Turnovský, who accompanied us with the greatest good will and commitment on our way to *Weltanschauung* and who repeatedly supplied us with valuable information and detailed knowledge from the life and work of the author, but also Lia Wolf, who made her magnificent *Cabinet* available to us for initial "strategy meetings" with companions of the author for the fruition of our project.

Furthermore, we would like to thank all of those known and unknown persons who made the funding of the publication possible either through crowd-funding or directly. We likewise thank the Institute of Housing and Design of the TU Wien, the Federal Chancellery and the Czech Center in Vienna, which provided important subsidies or made a contribution through organisational support.

Finally, our thanks for encouraging obligingness go out to the relatives of Jan Turnovský, especially his niece Magdaléna Turnovská, to the Architekturzentrum Wien, which granted us access to the Jan Turnovský estate in a non-bureaucratic manner, as well as to the publisher Park Books, which has added this unordinary publication project to its programme with great enthusiasm.

This book is particularly valuable for Diachron. Not only has it afforded us joy, effort and new experiences, but has also changed our perceptions of Weltanschauung and Gestalt "forever".

After several deliberations, we have lastly brought it upon ourselves to leave the final poem of Jan Turnovský untranslated, although our numerous variations on a theme would have certainly added to the amusement of our readers. It appeared to us, however, in the end as legitimate and commensurate with the project that we took the liberty and keep *The Happiest End* for ourselves.

Gabriele Kaiser

Jan Turnovský
Biography

23 June 1942	Born in Prague
1959	School leaving examination at Jan Neruda Grammar School in Prague
1959–1962	Studied architecture at the Czech Technical University in Prague (CVUT)
At the same time	Apprenticeship as a carpenter
1962–1965	Studied architecture at the Academy of Fine Arts in Prague, master class of Prof. Jaroslav Fragner
1966	Diploma thesis and final degree
At the same time	Employed at the State Institute for the Reconstruction of Historical Towns and Buildings, Prague
July 1966	Emigration to Vienna
1966–1975	Office and construction site practice at Viennese architectural offices
At the same time	Participation in "Wohnen morgen" ("Living Tomorrow") competition (4 honourable mentions)
1970	Recognition of the diploma at the Academy of Fine Arts in Vienna, master school of Prof. Ernst A. Plischke
January 1971	Austrian citizenship
1972	Civil Engineering Examination
As of 1975	University Assistant at the Institute of Housing at the Technical University of Vienna – TU Wien under Prof. Reinhard Gieselmann
1977–1978	Study at the Architectural Association Graduate School in London (scholarship from the Federal Ministry of Science and Research and the British Council)
1980	Completion of the postgraduate programme with the master thesis *The Weltanschauung as an Ersatz Gestalt*
1985	Completion of the doctoral programme at the TU Wien with the dissertation *Die Poetik eines Mauervorsprungs* (*The Poetics of a Wall Projection*)
1985–1989	University Lecturer for the subject "Elements and Syntax of Housing Construction"
1989–1991	Assistant Professor at the Institute of Housing, TU Wien
1991	Guest Professor at the University of Michigan, Ann Arbor, USA, head of a design studio
As of March 1992	Vice Chairman, resp., Interim Chairman of the Institute of Housing, TU Wien, Head of the Design Programmes
25 October 1995	Suicide in Vienna

Jan Turnovský
Bibliography Primary Texts
Selection

- "Architektur als Notwendigkeit". *Israel = Prolegomena 20*, vol. 6 | no. 1 | March 1977. Ed. Reinhard Gieselmann. Vienna: Arbeitsblätter des Instituts für Wohnbau und Entwerfen 3 an der Technischen Universität Wien (1977): pp. 4–9.

- *Architects Moving in Moving Space*. Paper, unpub. typescript, AA, London, March 1978.

- *Architecture of the Social(ist) Utopia*. Paper, unpub. typescript, AA, London, March 1978.

- *Profession: Architect*. Paper, unpubl. typescript, AA, London, Spring Term 1978.

- *The Weltanschauung as an Ersatz Gestalt*. Thesis, typescript, AA, London, 1978|79; Zurich: Park Books, 2016.

- *Tadao Ando*. Edited by Jan Turnovský, published on the occasion of the exhibition of Tadao Ando's work at Haus Wittgenstein, 11. 01.–01. 02. 1985, Vienna, 1985.

- *Die Poetik eines Mauervorsprungs*. Essay (Bauwelt Fundamente 77). Braunschweig|Wiesbaden: Vieweg Verlag, 1987. Special edition by Architekturzentrum Wien, 1997.

- "Potentialfunktion neuer Architektur oder Ein Pomfrit auf den Lippen. Applikative Rezension". UM BAU 12. Ed. Österreichische Gesellschaft für Architektur. Vienna: ÖGFA, 1990: pp. 109–118.

- "Zur Festschrift für Reinhard Gieselmann" (pp. 9–11) and "Anlaß war schon da" (p. 115). *Bewohnbare Architektur. Festschrift für Reinhard Gieselmann*. Ed. Jan Turnovský, Institut für Wohnbau, TU Wien. Vienna: Picus Verlag, 1990.

- "Notizen zu Architektur für Kunst, zu einer Architektur für wirkliche Kunst | Notes on Architecture for Art, on an Architecture for Real Art". EA-Generali Foundation, Wiedner Hauptstraße 15 | Frankenberggasse 9, 1040 Wien. Ed. Sabine Breitwieser. Vienna, 1992, n. pag.

- "Jan Turnovský alias Turn ov Sky alias TUR. Die kleinen Unbestimmtheiten | The Minor Indeterminables", compiled by František Lesák. Integrazione. *Denn Wahnsinn braucht Methode | Madness Needs Method. Jan Turnovský – Heidulf Gerngross – Rainer Köberl – Nelo Auer*. Exhibition Catalogue La Biennale di Venezia 2002 Österreich – Austria. Ed. Dietmar Steiner. Salzburg–Vienna: Anton Pustet Verlag, 2002: pp. 22–49.

- *Poetika zedního výstupku*. Přel. Evžen Turnovský. Praha: Akademie výtvarných umění, 2004.

- *The Poetics of a Wall Projection* (Words 3). Trans. Kent Kleinman. London: AA Publications, 2009.

- Jan Turnovský edited and designed many issues of the institute magazine *Prolegomena*, where he published articles, mostly about seminar projects at the Vienna University of Technology, just as he did in other professional journals (*architektur aktuell, bauforum…*)

Herausgeberinnen | Editors
Eva Guttmann, Gabriele Kaiser, Claudia Mazanek
für | for diachron

Übersetzung aus dem Englischen | Translation into German
Gabriele Kaiser, Claudia Mazanek

Übersetzung aus dem Deutschen | Translation into English
Brian Dorsey

Lektorat | Copy Editing
Claudia Mazanek, Eva Guttmann

Buchgestaltung | Graphic Design
Clemens Theobert Schedler, Büro für konkrete Gestaltung, Wien | Vienna

Druckvorstufe | Pre-press Production
Elmar Bertsch und | and Boris Bonev, Wien | Vienna

Schrift | Typeface
abc Alena entworfen von Roland Stieger

Papier | Paper
Fedrigoni WDS Woodstock Cipria 260 g
Salzer Design natural 120 g

Druck | Printing
Druckerei Theiss

© Originaltyposkript | Original Typescript
Nachlass Turnovsky | Turnovský estate
Sammlung | Collection Architekturzentrum Wien
www.azw.at

© 2016
diachron, Graz | Park Books, Zurich

diachron
Verein zur Verbreitung und Vertiefung des Wissens
über Architektur | Association for Disseminating
and Deepening the Knowledge about Architecture
Tegetthoffplatz 4/1, A-8010 Graz, Austria
www.diachron.at

Park Books AG
Niederdorfstrasse 54, 8001 Zurich, Switzerland
www.park-books.com

Alle Rechte vorbehalten.
Kein Teil dieser Publikation darf in irgendeiner Form oder in irgendeinem
Medium reproduziert werden, weder in technischen noch in elektronischen
Medien, eingeschlossen Fotokopien und digitale Bearbeitung, Speicherung etc.

All rights are reserved.
No part of this publication may be reproduced, stored in a retrieval system
or transmitted in any form or by any means, electronic, mechanical,
photocopying or otherwise.

Gedruckt auf FSC-zertifiziertem Papier
und nach den Richtlinien des österreichischen Umweltzeichens produziert.

Printed on acid-free and chlorine-free paper
and produced according to Austrian Ecolabel guidelines.

ISBN 978-3-03860-000-8

Wir danken folgenden Fördergebern,
Sponsoren und Institutionen
Best thanks to following funding partners,
sponsors and institutions

Bundeskanzleramt

Institut für Architektur und Entwerfen
Abteilung Wohnbau und Entwerfen
TU Wien

Architekturzentrum Wien
Sammlung | Collection

Tschechisches Zentrum Wien

diachron dankt allen,
die uns auf materielle und immaterielle Weise
unterstützt haben. Besonders danken möchten wir
Diachron would like to thank all,
who supported us on a material and immaterial level,
especially
Barbara und | and Friedrich Achleitner
Inge Andritz
Andreas Donhauser
Brian Dorsey
Hans Gangoly
Ilse Helbich
Michael Hofstätter
Otto Kapfinger
Rüdiger Lainer
František Lesák
Isabella Marboe
András Pálffy
Wolfgang Pauzenberger
Clemens Theobert Schedler
Helmut Schramm
Christa Simon
Dietmar Steiner
Susanna Wagner
Michael Zinganel